高千穂マップ
祖母山
道
高千穂神社
二上山
高千穂峡
秋元神社

中央は神さまの通り道、向山神社参道

神が宿る秋元神社の岩倉山

天孫降臨の地、二上山

土地に根付いた伝説のミケイリ像

春霞の秋元神社を訪ねて

通るものを見定める仁王像、向山神社

推定樹高 22M の巨木カツラと出会う

時代の生き証人、祇園神社の大欅

まえがき

子どものころ、寝付きの悪い私に、母はいつも神話を読み聞かせてくれた。「天の沼矛《アメノヌボコ》をこおろこおろとかき混ぜて、ポタンと垂れたのが日本列島」とか「騙したワニに毛皮を剥がされ、大泣きしている白ウサギ」などの話を聞いて、日本は神様がつくったものだと本気で信じていたし、人を騙したりしたら皮を剥がされるんだと恐れつつ、身を引き締めて聞いていたような記憶がある。また、絵本などを読んだせいかもしれないが、現代で言うところのアニメーションを観るような感覚で神話というものを楽しんでいたような感じもする。

日本神話、みなさんご存じのように『日本書紀』や『古事記』、そして各地に残る『風土記』に書かれていたお話である。それゆえ「記紀神話」とも呼ばれているわけだが、すべて高天原《たかあまはら》(1)の神々を中心にして描かれている。

高天原とは、日本神話および祝詞において、天照大御神を主宰神とした天津神が住んでいると

(1)「たかあまのはら」「たかのあまはら」「たかまのはら」「たかまがはら」とも言う。

された場所のことである。本書で紹介する「岩戸の段」もここが舞台となっている。

子どものころは、こんな基礎的なことも知らずに話を聞いていたわけだが、大人になってもあまり進歩はしていないようだ。というのも、お正月や旅先で神社にお参りに行くわけだが、（いったい、何をするために行くのだろうか）と不思議に思ったり、神社の御由緒などについてもまったく興味をもつことがなく、「神社＝お願い事」という図式のもとに参拝をしているだけというお粗末な状態であるからだ。

さらに言えば、参拝の仕方も見よう見まねで、ぎこちないものでしかない。隣に立つ人の動作をまねして、柏手を打つというもので、まったくと言っていいほど神様のほうは見ていなかったという場合が多い。もちろん、神社と寺の区別もつかないという、なんとも情けないものであった。

こんな私に、転機が訪れた。

一九年前（二〇〇一年）のある日、年老いた母から「高千穂にある天岩戸は、その戸が開かれたときに長野県の戸隠まで飛んだのよ」という話を聞かされたのだ。そのとき、大げさではなく、雷に打たれたような衝撃が走った。いい歳をした大人だというのに、九州からはるか遠くの長野県まで岩戸を飛ばせるという神様の存在に、私の心の奥に潜む「何か」が激しく動き出したのだ。

この衝撃がきっかけとなって本書を著すことになったわけだが、調べていくと、この天岩戸伝説が縁となって、旧戸隠村と高千穂町は一九八七年に姉妹都市となっていることも知ってさらに驚いた。さらに、「門外不出」とされてきた戸隠神社神楽が、村外で初めて高千穂で上演されるほどのつながりにまでなっているという。旧戸隠村は二〇〇五年に長野市と合併したため、この姉妹都市の盟約は消滅しているが、地域レベルでの「草の根交流」は現在も続いている。

それにしても、「無知」というのは恐ろしいものである。と同時に、凄いことでもある。さまざまな本などを読んでいくと、天岩戸伝説が残る場所が全国にいくつもあることも知った。ちなみに、そのいくつかを紹介すると、滋賀県米原市弥高の平野神社、京都府福知山市大江町の皇大神宮（元伊勢内宮）、滋賀県高島市の白鬚神社、三重県伊勢市の伊勢神宮外宮にある高倉山古墳（入山は禁止）などのほか、兵庫県洲本市先山の岩戸神社や、伝説のなかで最南端の地となる沖縄県島尻郡伊平屋村の「クマヤ洞窟」まである。

一方、「天岩戸」が飛んだとされる場所も長野の戸隠神社のほかに複数あった。千葉県袖ヶ浦市坂戸市場の坂戸神社には天の岩戸の欠片と伝承されている岩（天磐戸）の石碑があるし、岐阜県郡上市和良町の戸隠神社のほか、奈良市柳生にある天石立神社にも、「この地まで飛ばされてきた」という岩が伝承されている。要するに、さまざまな地域で日本神話が語り継がれているということである。

このようなことを知るにつれ、少しずつだが神話について勉強するようになっていった。知らないだけに、その吸収力には目を見張るものがある。素人ながら、変化していく様子が楽しくてしょうがないという日々を送ることになった。

多少なりとも知識が増えてくると、やはり高千穂に行きたくなってしまった。二〇一八年九月、初めて高千穂を歩き回った。とはいえ、神様の名前は難しいし、さまざまな解釈がされている「記紀神話」や時代背景などが混同してしまい、最初は頭が追いつかず収拾がつかなかった。しかし、何度か訪ねるうちに、本などで説明されているとおりに理解する必要がないことに気付いた。つまり、その土地のもつ「風土」を肌感覚で味わうことが、その地に伝わる神話伝説と深く触れ合うことになると身体が感じはじめたのだ。そう、「これぞ旅」である

元来、日本には「八百万《やおよろず》の神々」として、森羅万象すべてのものに神が宿ると言われてきた。日本各地の里に地域を守る「鎮守の森」があることをはじめとして、山の上には祠がある場合が多いし、どこの街に行っても鳥居があるという風景がそれを物語っている。

最近では、京都や奈良だけでなく、テレビや雑誌などの旅番組で各地に残る伝説の場所などが紹介されたりもしている。紹介されたところが名所や観光地となり、新たに訪れる人が多くなっているとも聞く。でも、ほとんどの人が、紹介されたところだけに注目し、それが存在しているエリアに興味をもつことなく旅をしているように思える。

紹介されたところ、つまり「点」を見聞きするだけでは本来の歴史や文化を感じ取ることはで

きない。対象となる神社などが存在するエリアを歩くことで、その土地に住む人々との距離感がつかめ、地域に根付く風習や文化に触れることができる。つまり、「点」と「点」がつながって「線」となり、それが広がって「面」となっていくということだ。

このようなことを意識して、私は高千穂郷に伝わる歴史や神話伝説の数々を、ウォーキングという方法で紹介することにした。歩くスピードだからこそ見えるものがある。もちろん、さまざまなことも耳に入ってくる。そこで見たこと、聞いたこと、そして感じたことを本書で紹介していきたい。決して観光パンフレットなどでは知ることのできない高千穂を紹介することになるが、ぜひ五感をフルに使って楽しんでいただきたい。

さて、本書を著すことになった私自身について紹介をしておこう。東京生まれの東京育ちであるが、父がワンゲル部出身、母は山岳部出身ということもあり、当たり前のように山に接する家族であったため、物心がつく前からスキーに接していた。

父が所属していたワンゲル部は、群馬県奥利根地方の山奥に山小屋をもっていた。私が子どものころはOB会の活動が盛んで、季節を問わずその山小屋に連れていかれた。幼いころは、リフトもない山小屋の前の斜面でオイッチニ、オイッチニとカニさん歩き（スキーを並行にして斜面を登る方法）で登っては滑るということを繰り返していた。人をまとめることが好きだった父は、小学校の先生から依頼されて、地元のスキークラブの会長も引き受けることになった。必然的に私もそのクラブの一員となり、スキー技術を学びながら育つことになった。

二〇代が一番のめり込んだ時期であったと思う。社会人としてスキー専門の旅行会社に勤めながら、草レースを皮切りに国体へ挑戦したり、全日本スキー技術選手権を目指したりと、スキーメーカー所属のチームでさまざまな活動に参加していた。その傍ら指導員の資格も取得し、大学生や社会人を対象にコーチもするようになった。

技術ばかりを追いかけていた時期が長かったが、さまざまな影響を受け、子どものころに体験してきた自然の中で滑るというスタイルに志向が変化し、現在はバックカントリースキーガ

北海道・ニセコの森を滑る筆者（撮影：渡辺洋一）

イドも務めている。

こんな私がスキー板を脱いで本書を著したわけだが、読んで、興味をもって、実際に現地を訪れたときには、ご自分なりの「感じ方」を堪能していただきたい。想像もできないほどの歴史（時間）がこの地において伝承されている。この歴史の感じ方、言うまでもなくそれぞれ違うだろう。私の願いは、「唯一無二の旅」をみなさんがつくり出すことである。そして、新たに生まれたたくさんの「旅」を聴く機会に恵まれることも願っている。

それでは、「天岩戸伝説の旅」に出発することにしよう。

もくじ

第5章　山を歩く

第6章 神楽《かぐら》の町を歩く

天岩戸神話を歩く——高千穂から戸隠へ

第1章

旅はきっかけからはじまる

しまい込んでいた母の言葉

どこかへ旅をしようと思ったとき、人には必ず何か「きっかけ」がある。たとえば、どこかへ行って美味しいもの食べようと思ったとしよう。では、食べたいものは何だろうか？「そうだ、この前、横浜で食べたワンタンが美味しかったから、本場のワンタンを食べに香港へ行ってみよう」と考えて、香港への旅を決めることもあるだろう。

もしかしたら、何処へ行きたいのか、何が面白いのかも分からない場合もあるだろう。しかし、仲のよい友達に誘われたために、何気なく旅へ出掛けてしまったということもあるだろう。

そういえば、私にはこんな経験がある。大学を卒業し、すぐにスキー専門の旅行会社に入社した。当時はバブル絶頂期、日本国内のみならず、海外でのスキー含めて多くのスキーツアーが催行されていた。ツェルマット（スイス）やシャモニー（フランス）などといったスキーリゾートをはじめとして、南半球のニュージーランドも大人気であった。

もちろん、日本各地のスキー場へも多くのツアーが運行されており、そのほとんどがバスツアーであった。東京駅の丸の内周辺には、スキー場へと向かうバスが集まっていた。週末ともなると、その数は一〇〇台を超えるという時代だった。

新入社員だった私は、週末の夜になると東京駅へ行き、ツアー客を誘導したり、配車したりと大忙しであった。若い年代のお客様から、「誰が申し込み者か分からない」とか「誰がメンバーなのか知らない」といった話が聞かれたが、当時はごく普通の出来事であった。さらに呆れた話として、「どこへ行くのか知らない」と言うお客様がいたこともある。

当時は、このような状況を理解することができず、「いったい旅行って何だろう?」と頭を悩ましていた。しかし、月日が経ち、それなりの経験を積んできた現在、そういうことでも大切なのだ、ということに気付きはじめている。

「きっかけ」があるから人は「行動」を起こすのだ。その「きっかけ」をどのように活かし、いつ、どんなふうに行動するのだろうか。もちろん、人それぞれだし、正解も不正解もない。私にとって、高千穂への旅の「きっかけ」となったのは、「まえがき」で紹介した母の言葉だった。

子どものころ、母に読んでもらった本といえば、間違いなく神話だった。「因幡の白うさぎは毛皮を剥がされ、真っ赤っかになった」だの、「日本はドロドロのチョコレート状態だった」という話を聞き、子ども心に神話が怖かった。こんな強烈な印象があったからこそ、強く記憶に残っているのかもしれない。

成人し、社会人として一人前の生活を送っていたあるとき、体調を崩しがちだった母が、「高千穂に行きたい」と言いながら旅行会社のパンフレットを私に差し出した。仕事に、そしてプライベートでも忙しかった当時、「分かった、行くよ」と素っ気なく返事をし、あとの手配などはすべて母まかせとした。

昭和一桁生まれで、戦争を経験した母は、何事に対しても興味をもつほか、多大なる行動力のもち主であった。大学では山岳部に所属し、冬夏問わず日本各地の山々の頂に立っている。アイゼンを装着し、ピッケルを持ち、凛とした姿で立つ白黒写真の母は、今では私の大切な宝物となっている。

子どものころから、家にはいつも外国人留学生が一緒に生活していたし、小学生になると、一人でグアム島の先住民とテント生活をするというツアーに送り込まれたこともある。もちろん、母本人の旅に対する熱意も留まることはなく、果てしない上昇気流に乗り続けていった。急に「遺跡を見たい」と言い出して南米のペルーまで出掛けることもあったし、「日本語を教えに行く」と決意して、家族を残して数か月タイまで行ってしまったこともある。

なかでも深い記憶に刻まれているのは、一七歳の姉と一三歳の私を連れ、四〇日を超えるヨーロッパ横断の旅である。知人を頼りにデンマークから南下し、ギリシャまで電車の旅をした。まだ昭和五〇年代の前半である。EUもなければ、シェンゲン協定(1)も結ばれていない時代、女性が娘二人を連れて旅をすること自体が驚異的なことだった。カタコトの言葉だけを頼りに、さまざまな国境を乗り越えてアクシデントに向き合うという母の姿、今でも鮮烈に蘇ってくる。

その後も母は旅を続けた。歳を重ね、経験と知識が混ざり合い、ほどよい色合いを放つ旅をつくり出してきた母は、高千穂への旅行で私に何を見せたかったのだろうか。怖くて仕方のない神話なのに目を輝かせて「もう一回話して」とせがむ娘の残像が、母のなかにあったのだろうか。生きているうちに一緒に神話を感じたい、と母は思っていたのかもしれない。

まさか、それが母と行く最後の旅になるとは思わず、二〇〇一年一〇月、無知識のまま母と一緒に初めて高千穂を訪れた。

「天岩戸は戸隠へ飛んだ……」という母の話は、このときに聞いた言葉である。最初に聞いたとき、自分の耳を疑ったほどの衝撃を受けた。幾度となく通い、スキーをしているあの戸隠と、今まさに母と旅をしている高千穂がつながっていることの理解ができなかったのだ。しかし、高千穂について探究する気持ちが芽生えず、時間だけが過ぎていった。

不思議なもので、数々ある母の言葉がいつの間にか私のなかに残り、旅の「きっかけ」として成長していったことだけはまちがいない。しかし、当時、まだ若かった私はこの「きっかけ」で行動することはなく、心の片隅にしまい込んだままであった。それから数年経った二〇〇七年、私にとって大きな出来事が起こった。

（1）国境検査なしで国境を越えることを許可する協定。加盟国二六か国、協力国二か国となっている。

乳がんの発症である。

「幸い早期で発見」というわけにはいかず、ある程度進行している状況で見つかった。今でこそ著名人がカミングアウトし、いろんな情報を発信しているが、当時はまだガンを隠す時代だった。一体、自分がこの先どうなるのか？　生き続けることはできるのだろうか？

暗黒の谷底に落ち、何もできずに怯え、もがき苦しんだ。手探りで這い上がろうとしても「恐怖」という言葉が私を押しつぶし、再び谷底に落とされるという日々を過ごすことになった。

抗がん剤治療を受け、再手術に備えているときのことだ。心の片隅にしまい込んでいた「高千穂」という言葉が私の身体に静かに響いてきた。心も身体も極限状態になっていたことが理由で、亡き母にすがったのかもしれない。どうしようもなく高千穂に行きたくなり、看護のために遠方から来てくれていた姉に頼み、手術後に連れていってもらうことにした。私の「行動」は、こんなタイミングでのものだった。

手術後すぐということもあり、身体中が痛くてしっかりと歩けない。ましてや抗がん剤の副作用で脱毛していたので、カツラを被った旅となった。天の岩戸や高千穂神社などといった主なところは行ったはずなのだが、記憶として残っていたのは、観光者向けの「夜神楽」を見たことだけである。せっかく起こした「行動」ではあったが、「夜の神社と白装束の舞という幻想的な映像」のみが私のなかに刻まれることになった。

東京に帰り、リハビリと治療、そして仕事に復帰という日々を過ごしながら二年という時間が流れていった。そんなある日、高千穂の記憶が蘇る運命的な出会いがあった。その人とは、四国に住んでいる親友を通じて知り合った理学療法士の田中創《そう》さんである。

日本最南端でスキー！――天岩戸の謎が解明される瞬間

田中さんは、高千穂町の隣に位置する五ヶ瀬町の出身であった。スキーが大好きで、級別テストでは二級を取得しているほか、インストラクターの経験もあるという。また、理学療法士の経験を活かし、「福岡県スキーチームのトレーナーとして国体にも帯同した経験がある」と言っていた。

九州で生まれ育った彼が、いったいどこでスキーの練習をし、インストラクターになるまでスキーにのめり込んでいたのだろうか。不思議に思って尋ねてみた。すると、五ヶ瀬町にはスキー場があり、なんと天然の雪も降るという。日本の南、しかも九州の宮崎県の天然雪でスキーを練習していたというのだ。群馬県の山奥で幼少のころからスキーをし、それを職業としている私にとっては驚愕的な事実であった。

スキーヤーである私は、居ても立ってもいられなくなった。田中さんに頼み、日本最南端の「五ヶ瀬ハイランドスキー場」へ案内してもらうことになった。

見ること、やること、すべてが新鮮で、ワクワクすることばかりだった。宅配便でスキーを送る宛先が九州なので不思議に思われたこと、福岡から車で宮崎へ向かう道中、スキーをすることがやはり想像できなかったこと、宮崎県の内陸はとても寒いこと、九州山地の山並みが素晴らしいこと、そして、その山並みには本当に雪があり、ダイナミックなターンを刻めたことなどである。

標高一六一〇メートルに位置するスキー場からは、阿蘇山をはじめとして祖母山《そぼさん》（一七五六メートル）や傾山《かたむきやま》（一六〇五メートル）などといったスケールの大きい山々が望める。高揚感を抑えきれないままスキーを履き、無我夢中で雪の感触を味わっていたとき、頭の中で何かがパッと弾け飛んだ。

母が語っていた「天岩戸が遠く長野の山・戸隠《とがくし》まで飛んでいった」という謎が解けた瞬間であった。

初めて聞いたときから、「九州から投げた先がなぜ長野なんだろう?」とか「なぜ、山奥の戸隠《とがくし》という限定した場所なんだろう?」とずっと不思議に思っていた。長野県は日本列島の真ん中だからとか、戸隠山の山容が突き刺さった戸のようだからなどといったさまざまな説があるようだが、私にはどうもしっくりしなくて、喉に何かが刺さったような状態であった。

長野県と聞いて、どんなイメージを抱くだろうか。北アルプスなどの険しい山が多く、冬は寒いが自然が豊富で、一九九八年に冬季オリンピックが開かれ、日本中が盛り上がったという記憶がある。一方、宮崎県はというと、温暖な気候で、フェニックスが立ち並ぶビーチあるという南国情緒豊かなものとなる。このように、高千穂と戸隠ではあまりにもイメージが違っている。もちろん、山の大きさや森の様相などもまったく違い、ある意味対照的とも言える二つの場所なのだが、実は「風土」が似ているのだ。

戸隠村には、戸隠神社をはじめとして修験道の戸隠山など、戸隠信仰という古い歴史がある。また、神話に基づく伝説や言い伝えも数多く残っており、村の人々はそれらを大切に伝承しながら暮らしている。

仕事としてのスキーを介して幾度となく訪れた戸隠だが、ほかのスキー場とはまったく違う感覚があった。ゲレンデの名前に「中社ゲレンデ」と付けているように、スキー場がある飯綱山《いいづなやま》（一九一七メートル）には至る所に神社がある。神さまの懐でスキーをしているような感じで、温かい気持ちに包まれてしまうのだ。

一方、五ヶ瀬のスキー場で滑っていたときの私は、まだ高千穂のことを深く知っていたわけでもないし、神話に興味をもっていたわけでもない。しかし、高千穂峡でボートに乗ったり、田中さんのお祖父さんと話をしたりと旅を重ねるうちに、いつの間にか、その土地がもつ地域性に同化していくことになった。

神話が息づく山々に降り積もった雪の上を滑っているとき、戸隠で滑っているときと同じような感覚が湧き起こってきた。それは、柔らかくて白い羽にフワッと包まれ、心が温まってくるような感じで、戸隠で感じたものと同じであった。

雪というのは白くて冷たいわけだが、暖かいというイメージを私はもっている。もちろん、吹雪のときや極寒のなかにいるときには、そんな感覚は一切ない。しかし、深々と降り積もる雪のなかにいるときや、窓の外でフワリフワリと舞い落ちる雪を見ているとき、妙に温かい気持ちに包まれるのだ。この感覚が、戸隠と五ヶ瀬で同じだったのだ。そのことに驚き、そして居心地がよかった。喉に刺さっていた何かが「雪」というキーワードでスルッと抜けて、心が爽快になった。

この日以来、日本神話について知りたくなり、少しずつ「読み・聞き」をはじめることにした。しかし、『古事記』を読んでも意味が分からないし、その解説書を読めば眠くなるばかりであった。まるで、迷路のなかに入り込んでしまったような状態であった。

何かが足りない……そう、「行動」が伴っていないことに気付いた。いろんなことを考える前にまずは現地に行こうと決心し、田中さんに相談をしてみた。彼は地元のネットワークを駆使し、高千穂町に在住しているガイドの高藤文明《たかふじふみあき》さんを探し出してくれた。田中さん自身の知り合いではなく、知り合いのまたその知り合いだという。まさに紐を手繰り寄せたような状況だったが、つかんだ紐をしっかり握り締めての「神話をめぐる旅」をはじめることにした。

いざ、高千穂へ

高藤さんは高千穂生まれの高千穂育ち、根っからの「高千穂っ子」である。初めて電話で話をしたときから、とても気さくで優しい人柄が伝わってきた。熊本空港に到着し、レンタカーを手配していたとき、高藤さんから電話がかかってきた。

「もう着いた？　これからこっちに来るなら、途中におもしろい場所があるき、寄ってきない。こっちは夕方までに来ればいいき」

という内容であったが、耳したときにはここまではっきりとは分からなかったので、繰り返し尋ねている。

熊本空港から高千穂へ行くには、東方面へ

高千穂っ子の高藤文明さん

進み、南阿蘇を通ることになる。その途中に位置する高森町にある「上色見熊野座神社《かみしきみくまのざじんじゃ》」と、「日本三大下り宮」の一つである「草部吉見神社《くさかべよしみじんじゃ》」が必見の価値あり、と高藤さんは言っていた。こういうときは絶対行動すべき、というのが私の信条なので、すぐさま調べて寄ることにした。「草部吉見神社」は、高千穂ともご縁があることがのちに分かっている。とっさの行動が功を成した瞬間であった。このご縁については、のちに詳しく伝えることにする。

そして、もう一つのキーワードとなるのが「夕方までに来ればいいき」。この言葉の意味は、たまたまその日に大きな航空会社の依頼で「神楽《かぐら》の舞」の撮影が行われるということであった。全部で三三番あるすべてを舞うわけではないが、夕方から代表的な四番を舞うという。撮影なので一般の人はいないという状況のなか、高藤さんのご好意で見学させてもらうことになった。

このときの神楽は、私の最初となる「行動」で観て、心の中に残っていた夜神楽とはまったく別物のように感じてしまった。神話の物語を軸に舞が構成されていることとの発見が嬉しかったし、舞の表現力が力強いだけでなく滑稽なもので、自然に笑ってしまったりもした。

とくに夜神楽を観るという準備もせず、いきなり観たために余計な邪心がなかったのかもしれない。しかし、考えてみれば、かつて観たときからは一二年の歳月が流れている。私なりに経験や知識を積み、物事の見方も変わっている。同じ場所で同じ体験をしたとしても、受け取り方がまったく違ってくるのは当たり前のことであろう。

準備を楽しもう

「きっかけ」から「行動」することが旅になる、とお伝えしたわけだが、行動の前に準備をすることも大切である。もちろん、準備をする間もなく、すぐに行動が必要な場合もあるだろうが、多くの場合、準備するだけの時間があるはずだ。

日々の忙しい生活のなかで準備をすることになるわけだが、それを楽しんでこそ旅が深まるのではないだろうか。準備というのは、「どんな洋服を着ようかな」、「この靴だったら歩きやすいだろう」、「あそこのソフトクリームが美味しい」などもそれに含まれるが、もう少し意味深いものを私は提案したい。

それは、行く場所の気候や風土、そして歴史など、現地の暮らしと結びつくものだ。少しでも調べておくと、現地へ赴いたとき、直接見聞きしたものだけでなく心で感じる何かがあるものだ。たとえば、ある旅で撮った写真を家に帰って家族に見せたとしよう。家族はそこに写っているものしか見えないわけだが、実際に現地を体験した本人には、写真に写ってないものが見えているはずだ。写ってないものを心で見ることができるのは、現地を訪れた本人だけなのだ。

準備とは、ジグゾーパズルのピースをつくることだと思っている。調べたり気になったりしたことを、一つ一つのピースとしてつくっていく。そして、旅に出掛けたときにそのピースを持っていき、つなぎ合わせていくのだ。もちろん、ピースは完全な形にしなくてもいい。未完成なものは、現地に行ってからつくればいいのだ。そして、旅を終えたとき、自分だけのジグゾーパズルができあがることになる。

今回の高千穂への旅も、少し下調べをしてから出掛けている。私なりに青写真も描いていたわけだが、いきなり展開が変わり、聞いたこともない場所に立ち寄ることからはじまってしまった。真っ白な紙をプレゼントしてもらい、「さぁ、好きなピースをつくって」と言われているような感じだった。

その紙も、一枚だけではなく、次から次へと新しい紙をもらうことになり、さまざまなピースをつくり続けることになった。自分で用意したピースも形を変えて、新しくつくったピースと組み合わさることになった。もちろん、不要となったピースもあるし、うまく組み合わせることができなくて脇に退けたピースもある。

しかし、描いていた青写真の下絵が変わっていく過程が何とも気持ちよかった。さまざまなピースをつくり、自分だけのジグゾーパズルを組み立てていく。いったいどんなパズルができあがるのだろうか……。

第2章

世界中に伝わる神話の世界

日本を知るには世界から

自他ともに認められる「神話と伝説の町・高千穂」には、古くから日本神話にまつわる言い伝えが数多く残っている。また、夜神楽《よかぐら》をはじめとして、それにかかわる文化財や史跡なども数多くあり、その数は七〇を超えている。とくに、日本創生について語られている伝説や言い伝えは、地域の人々によって語り継がれて次第に成長してきたものである。これは決してつくりものではなく、大切に育てられてきた日本の文化なのだ。

そのような位置づけにある日本神話を考えたとき、「神話とは何なのか」また「世界の神話はどういうものなのか」という疑問が生まれてきた。よく、日本神話は他文化の影響をあまり受けずに伝えられてきた、と言われる。日本神話だけでも十分難解なのだが、逆にもっと広い定義を知ることで日本神話の何かが見えてくるかもしれないと思い、少し勉強をすることにした。

神話って、いったい何？

世界各地には、古くから人々の間で語り継がれている多くの神話が存在している。「ギリシャ神殿や神話」や「ローマ神話」をはじめ、多くの謎に包まれている「ケルト神話」、ピラミッドや神殿という雄大な建造物の残る「エジプト神話」などが有名だが、ほかにもアジアやアメリカなど、文明の数だけ神話があると言っても過言ではない。ご存じのとおり、日本では『古事記』のなかに神話が存在している。

では、人々はなぜ神話を生み出し、後世に伝え残していったのであろうか。太古の人々にとって、自分たちが生きている世界はどのようにはじまったのだろうか？　また、その当時の人は、どのようにして存在してきたのだろうか？

創生については、多くの謎があるとともに、自分たちがそこにいる意味を探る大切なものだったにちがいない。科学の発達した今でこそ、人間がどのように進化し、発展してきたのかについて解明されているが、当時の人々にとっては、民族のルーツを知ることができないがゆえに「偉大なる謎」であったことだろう。そのため、自分たちの住む世界がどのように生まれ、自分たちがどこから来たのかについて、目に見えない神様という形で表現したのかもしれない。

また、生きる術《すべ》となる農耕や狩猟をするためには自然と向き合うことが重要であった。嵐や洪水、地震や雷などといった大自然の脅威から身を守り、また味方につけることは、自然と調和しながら生き延びていく大切な手段となる。自然の中に神々を見いだし、崇めて祈るという行為が心の拠り所となったはずである。

それにしても、世界各地に残る神話は実に面白い。なぜなら、神々の姿や形、性格が実に個性的なのだ。人間と同じ姿の場合もあるが、化け物といった姿でも登場してくるし、時には、動物に姿を変えて人間を翻弄することさえある。ストーリーは実に多様で、各地の風土や自然観を軸にして、文化や歴史などと絡み合わせて特異なものとなっている。

多くの神話では、何もない混沌とした状況のなか、人間のような形をした二本足で立つ神々や巨人が現れる。争いや戦いを繰り返しながら、この世を創っていく（天地創造）という神々を中心とした物語となっている。宇宙や自然、人類、動植物など、あらゆるものの起源や存在を語りながら広がっていく。それらは決して「夢物語」ではなく、神話を題材にした芸術作品や遺跡として数多く残っているし、現代生活のなかにおいても身近に存在しているものがある。

自由奔放で人間らしい神々が魅力的と言えるギリシャ神話

古代ギリシャ民族が生み出した神話の出現は、紀元前二〇世紀ごろより栄えたミノア（クレタ）文明の時代まで遡ると言われている。宇宙誕生から天地創造、神々の戦いや英雄たちの活躍などが、口承形式で各地に伝えられていった。その後、紀元前八世紀ごろになると、現存する最古の古代ギリシャ文学として、吟遊詩人ホメーロス（紀元前八〇〇年ごろ）が長編叙事詩『イーリアス』と『オデュッセイア』を残している。その内容は、一人の女性をめぐって神々と人間が入り乱れて戦う「トロイア戦争」にかかわるものである。

トロイア戦争は、美を競い合う三人の女神たちのなかから一番美しい女神を決めるという審判からはじまる。トロイアの王子パリスが神よりその使命を受け、褒美としてスパルタ王妃ヘレネを授かることとなる。ヘレネはスパルタ王メネラオスの妻である。その妻を取られたメネラオスは激怒し、ヘレネを取り戻すためにトロイアへ侵攻をはじめ、神々を巻き込みながら十数年にわたる戦争へと発展していく。

物語のクライマックスでは、スパルタを含むギリシャ連合軍が巨大な木馬に身を隠し、敵地トロイアに侵入するという作戦を企てる。不意を打たれたトロイア軍は、とうとう陥落し、長年にわたるトロイア戦争が終結するというストーリーである。

この神話を信じ、歴史的な事実を確信したドイツ人のシュリーマン（Ludwig Heinrich Julius Schliemann, 1822～1890）が一九世紀末にトロイア遺跡を発見し、トロイア戦争が史実であるとされるようになった。

このときの作戦に使われた木馬を「トロイの木馬」というわけだが、これは現代の脅威であるコンピューターウイルスの名としても認知されている。何かに見せかけて騙し、侵入するという手口から名付けられたようだ。

ホメーロスが英雄叙事詩を描く一方、詩人ヘシオドス（紀元前七〇〇年ごろ）は『神統記』という作品のなかで、カオス（虚空）からはじまったとする天地創造からオリュンポスの神々の系譜を語っている。

この世にまだ何も存在しなかった時代、大きな暗闇の空間が出現し、そこから大地の女神ガイアが現れ、タルタロス（冥界）、エロス（愛）とともに原初の神々となる。ガイアは次々と神々を生み出し、そのなかの一柱である天空の神ウラノスと結婚したが、このウラノスが世界を治めるようになった。その後、二人の間には山よりも巨大なティタン神族が生まれている。この神族と神々の争いが繰り広げられ、のちの最高神となるゼウスが誕生するというストーリーである。

争いに勝利し、世界を治めることになった最高神のゼウスは、自分の兄妹や子どもたちとともに「オリュンポス十二神」と呼ばれ、オリュンポス山に暮らしながら地上を見守ったとされているが、その中身は神様と思えないほど人間くさく、愛とともに策略や戦争を繰り返しながら世界を創り上げていった。

女好きで浮気の絶えないゼウスが愛のために動物に身を変えて気に入った女性に近づいたり、イケメンゆえに悲恋の多い、光と予言の神アポロンの自由奔放な姿だったりと、個性あふれる神々の逸話は魅力的なものに映る。それにしても、あっけらかんとした神々の物語は、現代ギリシャ人の個性にも投影されているのだろうかと思ってしまう。

最後にもう一つ、現在も私たちの生活に残る面白い逸話を紹介しよう。

世界三大叙事詩の一つである『イーリアス』の主人公アキレウスは、人間と女神の間に生まれ、トロイア戦争で活躍した半神半人の英雄である。母である女神テティスは、彼がまだ赤ん坊のころ、冥界《みょうかい》の川にアキレウスを浸した。この川に触れた部分は人間の武器では傷がつけられず、不死身になるからだ。しかし、テティスは彼の足首をつかんで川に浸したため、その部分だけが川のご加護を受けられずに弱点となってしまった。

トロイア戦争では多くの活躍をしたアキレウスだが、とうとう弱点の足首を弓で射抜かれて死んでしまった。この神話から、「アキレス腱は致命的な弱点」と世間で言われるようになったわけである。どんなに優れた勇者でも弱点はある、調子に乗ってはいけない、という古代からの戒めなのだろう。母親テティスは、もう一回逆さまにして足首も浸しておけばよかったと、さぞ悔やんだことだろう。

過酷な自然観の中で生まれる北欧神話の根底と滅びの美学

北欧神話は、キリスト教が伝わる前のゲルマン民族が考える天地創造や神々の系譜のなかにおいて、スカンジナビア半島のノルウェー、スウェーデン、デンマーク、アイスランド、そしてフェロー諸島に伝わってきたものである。そのもととなるのは「エッダ」と呼ばれる詩になる。そもそも文字をもっていなかったゲルマン人が口承で伝えてきたものだが、一三世紀になると、アイスランドの詩人、政治家、歴史家のスノッリ・ストルソン（Snorri Sturluson, 1178?～1241）が『スノッリのエッダ』としてまとめ上げた。

しかし、これより以前の九～一三世紀にわたるさまざまな年代に書かれた叙事詩をまとめたものが一七世紀になってからアイスランドで発見され、「詩のエッダ」と呼ばれるようになった。この二つが、「新エッダ（スノッリのエッダ）」と「古エッダ（詩のエッダ）」となり、北欧神話の中心となって現代に伝わっている。

キリスト教の影響で、ほかのゲルマン民族では独自の神話（ゲルマン神話）がほとんど残っていないわけだが、最北部に暮らしていた北ゲルマン民族のノース人にはキリスト教の影響が少なかったこともあり、現存する貴重な神話となっている。その物語を説明しよう。

この世のはじまりとされるとき、「ギンヌンガカップ」と呼ばれる大きな穴が広がっていた。その北の端には氷塊、南の端には絡みつく炎があり、いつしかその二つが混じり合ったことでものすごい勢いの水蒸気が上がり、それが氷片となって最初の巨人「ユミル」が生まれている。次に、氷片の裂け目から雌牛アウズフムラが現れると、ユミルはその乳を飲んで成長し、次々と巨人族を生み出していった。

コラム

北欧の散歩文化

北欧には「自然享受権」という権利がある。これは、国有地、私有地を問わず、歩いたり自転車で通ったりなどのほか自然利用を認めるというものである。古くから「自然はみんなで楽しむもの」という考えがあり、それが反映されているのであろう。

国民のみならず、旅行者含めてすべての人にその権利が保障されている。たとえば、私有地に入り、キノコを採ったり、ベリーを食べたりすることも認められている。水辺であれば、魚釣りやヨットなどを楽しんでもいい。もちろん、常識とされるモラルの範囲ではあるが。

ある時、20代のスウェーデン男性に「なぜ、散歩をするのか？」と尋ねてみた。すると、「散歩をするのは子どものころから当たり前のことで、文化だ」と言った。この文化は、中世のフランスまで遡るという。当時、フランス貴族たちは宮殿に大きな庭を造り、おしゃべりをしながら散歩をするというのがステイタスとなっていた。そして、イギリスを除くヨーロッパ各国がフランスに啓蒙していたため、その影響が残っているのではないかと彼は説明してくれた。

このように、北欧では、若い男女も普段から友人と散歩をするという習慣があり、決して特別なことではない。ぺちゃくちゃとお喋りをしながら、楽しそうに歩く姿を町のあちらこちらで見かけることが多い。ひょっとしたら、辿り着いた森の中で、北欧神話を語っているのかもしれない。

彼の説明のなかに「庭」という言葉があった。日本では、庭は散歩をするものではなく「見る」ものとなっている。庭園を造り、木や花を愛で、心静かに自然を感じるという「禅」の世界がそこにある。そう考えると、日本人にとって散歩とは、ぶらっと出掛けることではなくエクササイズに近いのかもしれない。

一方、雌牛も氷を舐めて生き延び、神々の祖先となるアース神族の「ブーリ」が生まれる。さらに、ブーリの息子であるボルは巨人族の娘と結婚し、三人の子どもが誕生しているが、そのうちの一人が主神オーディンとなる。

オーディンたちは乱暴なユミルが気に入らず、殺害する。そのときに流れ出たユミルの血によって、一組の男女を残して巨人族は死に絶えてしまう。

その後、オーディンたちはユミルの亡骸から世界をつくりはじめることになる。肉からは大地、骨からは山脈、血は海や川、歯は岩や石、髪の毛は樹木、脳は雲、そして頭蓋骨は天空となった。また、南の端の火の国が発する火の粉で太陽、月、そして星をつくり、世界に昼と夜ができあがったというわけである。さらにオーディンたちは、神の住む世界を「アスガルド」とする一方で、海辺で拾った二本の木から人間を生み出し、人間の住む国「ミズガルズ」をつくり出すことになった。

荒涼とした氷の大地から生まれた乱暴な巨人ユミルを主神オーディンが疎み殺し、その身体から世界を創るというはじまりは、北欧の過酷な自然環境を反映していると思わざるを得ない。北欧神話では、世界は九つに分かれ、それを支えているのがトネリコの大木「ユグドラシル」とされている。

大木は、オーディンたちなどのアース神族が住む「アスガルド」や人間たちが住む「ミズガルズ」、そして死者の住む「ニヴルヘイム」という三層の世界を貫いている。また、虹の橋や泉によってほかの世界ともつながっており、すべての世界を支える「世界樹」とも呼ばれている。

その後、厳しい修行に耐えて知識と知恵を手に入れたオーディンと、隙あれば神々や人間を倒そうとしている巨人族との争いがこのユグドラシルを軸に続いていく。しかし、それは、定められた運命の最終戦争である「ラグナログ」へ向かっていくものであった。

その中心となるのが悪神のロキである。悪ふざけが好きなロキは、次第にその行動がエスカレートしていく。そして、とうとうオーディンの息子であるバルドルの美しさを妬むあまり死へと追いやってしまった。これが発端となり、オーディンなどの神々とロキ&巨人族の戦闘がはじまり、壮絶なる戦いの末に宇宙は消滅してしまうのだ。

すべてが滅び、無になったことで、そこに新たな世界が生まれて神話の幕が閉じられる。予言によって滅びることが分かっているなかで未来に立ち向かう神々の姿に「生命の尊さ」を表現しているのではないか、と思われる。

さて、北欧神話のなかにも、現代生活のなかに残る身近なものが多くある。その一つが曜日の名称である。曜日には、北欧神話の神々がもとになっているものが残っているのだ。それを紹介しておこう。

火曜日は戦いの神チュールの日（Tyr's day/Tuesday）
水曜日は主神オーディンの日（Wodan's day/Wednesday）
木曜日は雷神トールの日（Thor's day/Thursday）
金曜日は豊穣の女神フレイアの日（Frejya's day/Friday）

ここでは、代表的な二つの神話を紹介したわけだが、この世や神々のはじまりなど、似たようなストーリーがあるものの、その世界観や表現方法はまったく違っており、独創的なものとなっている。とくに、神々の存在がとても個性的なものとなっており、ギリシャ神話の自由奔放な愛らしさとは打って変わり、北欧の神々は過酷な運命を受け入れながら戦い続ける戦士のように表されている。

温暖で作物の豊富なギリシャ地方、厳しい自然環境を受け入れながら暮らしを営む北欧の国々というように、それぞれの気候風土が大きくかかわっていると言えるのではないだろうか。それでは、日本神話はどうなっているのだろうか。次章で見ていくことにする。

第3章

日本に伝わる神話

『古事記』、『日本書紀』、そして各地に残る『風土記』

日本神話といえば、『古事記』と『日本書紀』の独壇場となる。この二つを合わせて「記紀神話」と呼ばれているわけだが、両書とも日本の歴史を伝える奈良時代の初期に編纂された重要な書物である。神話を語るには、この二書に関することを述べなければならないが、とにかく解説書が多々あるのでどれが正解なのか、歴史学者でも評論家でもない私には分からない。

よって、何が正しいとか、これはタブーとか深く考えず、単純に母の読み聞かせのなかに出てきた神様の話を中心に記していきたい。言うなれば、子ども心に深く残っている記憶をもとにして書いていくということだ。

子どものとき、話の展開に驚いたり、喜んだり、怖かったりと想像をめぐらせながら楽しんでいた。大人になると、物事をいろいろな側面から見るようになり、楽しかった記憶が薄れることがある。とはいえ、知識が入った分だけ物語が広がっていくこともある。子ども心を失わずに理解を深めていくことができれば、神話への旅はより楽しいものになるだろう。まずは、神話の基本となる「記紀」の説明を、百科事典などを頼りにして簡単にしておこう。

『古事記』——編纂されたのは七一二年、第四〇代の天武天皇（六三一？～六八六）が、各地の氏族が口誦で伝えられてきたもの（天皇家の系譜や説話など）を後世に残すために編纂することにしたものである。その方法は、天武天皇に仕える舎人の稗田阿礼《ひえだのあれ》（生没不詳）に読ませて暗誦させた。しかし、『古事記』として完成したのは、三代後の第四三代の元明天皇（六六一～七二一）の時代に太安万侶《おおのやすまろ》（？～七二三）が完成させたとも言われている。多くの歌が織り込まれているため文学的な要素が強く、以下の全三巻で構成されている。

上巻——神代（神々の世界の物語、国生み～天孫降臨）
中巻——人代（天皇が統治する時代、神武天皇の東征～応神天皇）
下巻——人代（天皇それぞれのエピソード、仁徳天皇～推古天皇）

『日本書紀』——編纂は七二〇年、同じく天武天皇が編纂を命じた日本初の正史である。天武天皇の皇子・舎人親王ら数名が編纂にあたっている。すべて漢文で書かれた全三〇巻のうち、一～二巻は神代紀、三巻は神武天皇の紀、以下三〇巻までは歴代の天皇について編年体（年月を追って記す）の記述となっている。

この二つの書のなかで、天地創世——神武天皇が日本の統治を目指し、東征する部分が「日本神話」として語り継がれていくことになる。ただ『日本書紀』の場合、全三〇巻というボリュームのなかで神様にまつわる話はわずか二巻でしかない。また、その後に続く内容も、物語というよりは史実を伝えていく色合いが強くなっている。それに比べて、『古事記』全三巻のうち一巻〜二巻の最初の部分では神話が語られている。『古事記』は、多彩なエピソードに加えて、ストーリー性が高く、文学的と言える。

さらに忘れてはいけないのが、日本各地で書かれた『風土記』の存在である。これは、地方別にその風土や文化、産物、地名の由来などをまとめた書物であるが、奈良時代の初期、日本全体を統治するためには各地の状況を知る必要があったため、第四三代元明天皇の時代に編纂されている。現存しているものは少ないそうだが、この『風土記』の存在も、「日本神話」の成り立ちに大きくかかわっていると言える。元明天皇は歴代一〇人ほどいる女帝のうちの一人となる。文学的なものを取り入れ、日本神話のストーリーにひと役買ったのも、女性ならではの視点を活かすためであったのかもしれない。

ちなみに、宮崎県には『日向《ひゅうが》風土記』が伝わっている。現存はしていないが、鎌倉時代に書かれた『万葉集注釈』と『釈日本紀』にその一部が書き残されているという。それを「風土記逸文」と呼んでいる。

地方色豊かな神話伝説

日本各地には、その地方独特の要素を含む「伝説」が数多く残っている。架空の話として伝わる昔話とは違い、伝説の多くは古くから「言い伝え」や「いわれ」とされ、人々は真実として伝え続けてきた。とはいえ、このように言われてもピンとこないものだ。まずは、昔話を簡単に説明してみよう。

「むかしむかしあるところに、おじいさんとおばあさんが住んでいました。おじいさんは山へ芝刈りに、おばあさんは川へ洗濯に。おばあさんが川で洗濯をしていると、遠くから大きな桃がどんぶらこ～どんぶらこ～と流れてくるではありませんか……」という下りではじまる『桃太郎』の話はみなさんご存じだろう。その後、桃太郎は鬼を退治して「めでたし、めでたし」で終わるのだが、場所や時間などが決まっておらず、空想的に話が展開して終わるというのが昔話となる。このほかにも、有名な物語として『かぐや姫』や『舌切り雀』などが挙げられる。

一方、「伝説」というのは、「昔話」と同じように空想的な要素が強いわけだが、いつ、誰が、どこでなど、その土地に根付き、真実として語りつがれているもののことをいう。地方に伝わる神話には「伝説」と言われるものが多く存在しており、自然の中に神々の存在を信じ、畏敬の念を抱いて語り継がれてきたものがある。そして、それらのなかには、長い年月をかけてさまざまな形に変化しながら、独自性をもつ「土着神話」として根付いているものが多数存在している。「記紀神話」を読むだけでなく、その土地に伝わる「土着神話」をあわせて読むことで、日本神話のストーリーが果てしない広がりをもちはじめることになる。

神々の里・高千穂郷

『古事記』の上巻には、国生み――天孫降臨を経て、初代天皇となるイハレビコが生まれるまでが語られている。このなかで、天孫降臨からはじまり、イハレビコが東征をはじめるまでの物語が「日向神話」と呼ばれている。天神、地神、海神が人間の世界へバトンをつなぐという重要なポイントが展開されている。

宮崎県はその昔、「日向《ひゅうが》のくに」または「日向《ひむか》のくに」と呼ばれていた。『古事記』の上巻で語られている神話の舞台が宮崎県には数多く残っており、現在、「神話のふるさと」とも呼ばれていることはご存じだろう。

そのなかでも高千穂町には多くの神話伝説が残されているわけだが、高千穂町と限定してしまうとどうしても話がつながっていかない。なぜなら、明治初期に行政改革が行われる前までは、現在の「高千穂町」、「日之影町」、「五ヶ瀬町」、「諸塚村」の四つの地域を総称して「高千穂郷」と呼ばれていたからだ。古くは阿蘇までが含まれていたそうで、阿蘇は「下千穂《しもちほ》」、高千穂は「上千穂《かみちほ》」と呼ばれていたという。現在の高千穂町という行政区になったのは一九六九年と新しい。ちなみに、これらの地域と椎葉村をあわせて「世界農業遺産」にも認定されている（二一二ページから参照）。

「神々の里・高千穂郷」として神話に触れれば、地域でどのように伝わり、伝承されてきているのかが理解しやすくなる。高千穂郷には、前述したように、その神話に携わる物語がいくつも残されており、多くの神社とともに風習や祭事が伝えられている。また、日本のはじまりとなる「天地創造」や「国生み」も、土地に伝わる伝説とともに存在しており、数多くの逸話が語り継がれている。

このような話に彩りを添えるのが雄大な自然の姿である。高千穂郷では、神話を信じ、神々を敬いながら日常を送っている人が現在でも大勢いるわけだが、それは決して特別なことではない。朝起きてご飯を食べるように、この地域には神々がとても身近に存在しているのだ。山が深く、そのなかを流れる五ヶ瀬川の存在が自然を身近なものとして捉えることになり、「森羅万象すべてのものに神が宿る＝命が宿る」八百万《やおよろず》の神を信じる源になったのではないかと思われる。

森林理想郷　Forestopia　エリアマップ

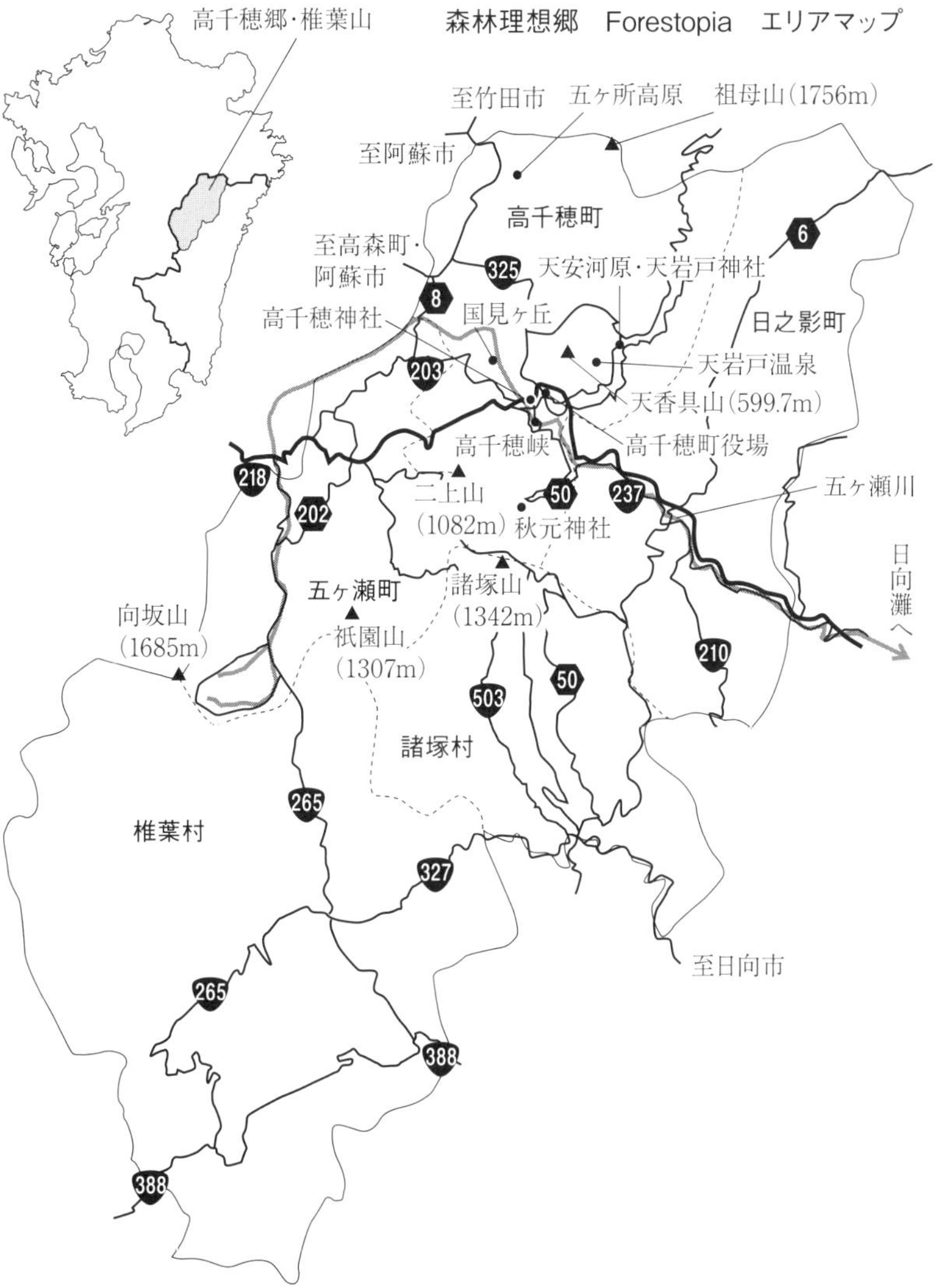

まずは、ざっくりと日本神話

日本神話も世界各地の神話と同じで、何もない混沌としたなかから原始の神が現れて、天地を創造するところからはじまっている。そして、多くの神々が生まれ、神々にまつわるバラエティに富んだ物語を展開しながら話が進んでいく。簡単な流れを言えば以下の四つとなる。

天つ神（天上の神様）による「国生み」
国つ神（地上の神様）による「国作り」
国つ神から天つ神へ「国譲り」
天つ神の子孫による「建国」

ここで面白いことが分かる。日本神話のなかには、人間の存在がハッキリと現れてこないのだ。世界の多くの神話では、神と人間はまったく別物となっているが、日本神話では人間のはじまりが曖昧で、いつの間にか「民」として現れている。また、「八百万の神」として、とにかく多くの神々が登場してくるところも興味深い。「森羅万象すべてのものに神が宿る＝命が宿る」という日本独自の発想が息づいていることが理由かもしれない。

とにかく、神様の名前が難しく、ついつい敬遠しがちとなってしまうのだが、私なりに個性豊かな神々をイメージして、ざっくりと説明していきたい。

コオロコオロとかき混ぜた雫からニッポン誕生！

まだこの世が形をなさなかったころ、そこには何もなく、コンコンとして渦を巻いていた。やがて「天」と「地」に分かれはじめ、「高天原《たかまのはら》」と呼ばれる天上界に、五柱の神様（別名：別天《ことあま》津神《つかみ》）が現れた。続いて、次々と十二柱の神（別名：神世七代《かみよななよ》）が生まれるが、最初の二神は独り者で、残りの十神はペアの神様だった。この最後に生まれたイザナキとイザナミという兄妹ペアが、ニッポン誕生のキーパーソンとなる。

先立つ神たちは、「地上はまだ漂うばかり。これを固め、国を作りあげよ」と命じ、二人に天《あめ》沼矛《のぬぼこ》という剣をわたす。そこで二人は、高天原と地上を結ぶ天の橋立に立ち、ウネウネと漂っている地上を天沼矛でコオロコオロとかき混ぜた。そして、その天沼矛をすーっと引き上げたところ、剣の先から塩でできた雫がポタンと滴《したた》り落ちた。その雫が固まり、そこに一つの島ができはじめた。その島の名前を「オノゴロ島」といい、ニッポン誕生の瞬間となる。

命をかけた国生みの末に

オノゴロ島に降り立った二人は、立派な御殿を建てることにした。幾日か経ったある日のこと、二人はお互いの身体をジロジロと見比べ、あることに気付いた。

「私には足りない部分があるみたい」と、不思議そうにイザナミが言う。

それに対してイザナキは、「私には、反対に余っているものがあるようだ」と答えた。

「では、足りない部分と余っている部分をあわせて、私たちの国をつくろう」

こうして、二人は試行錯誤のうえ、たくさんの島をつくりはじめた。淡路島に隠岐島、筑紫の島、佐渡島などを生み、続いて小豆島や五島列島などを完成させた。

「国生み」を立派に果たしたイザナミは、次にたくさんの神様を産みはじめた。土地の神様や海の神様、風や木や山の神様、食べ物の神様が次々に誕生した。そして、最後に火の神ヒノカグツチを産んだときに大やけどを負い、黄泉の国へと旅立ってしまった。嘆き悲しんだイザナキは、その怒りが抑えきれずに、とうとうヒノカグツチを「十握《とつか》の剣《つるぎ》」で殺してしまった。

黄泉《よみ》の国から生還！

イザナミを失い、幼い我が子まで殺してしまったイザナキ、失意のなか、愛しい妻を諦めることができない。そこで、黄泉の国まで迎えに行くことにした。

「愛しいイザナミよ、あなたはどこにいる？」と、一生懸命に探すイザナキ。真っ暗で、不穏な空間のなかを彷徨ったのち、とうとう見つけることができた。

「おおイザナミよ、まだ国づくりは終わっていない。さあ、一緒に帰ろう」

するとイザナミが次のように答えた。

「私は黄泉の国の食べ物を口にしてしまったので、もう帰ることができないの。でも、あなたがこうして迎えに来てくれたので、この国の神に相談してみます。その間、決して私を見ないでくださいね」

長い間、イザナキは待っていた。しかし、いくら待っても出てこない。業を煮やしたイザナキは、とうとうイザナミのいる御殿の中を覗くことにした。中にいたのは、変わり果てたイザナミの姿だった。

イザナミから「私を見てはダメよ」と言われたのにもかかわらず、ウジだらけになった姿を見てしまい、彼女の逆鱗に触れてしまう。

怒ったイザナミは、「あなたは、どうして約束を守らずに私に恥をかかせるの！」と叫び、逃げるイザナキを黄泉の国の醜女や軍隊に追わせた。必死に逃げるイザナキ、なんとか現生と黄泉の国の境目まで辿り着き、そこを大きな岩で塞ぎ、やっとのことでのがれた。

地上に戻ったイザナキは、「黄泉の国で私は大変穢れてしまった。きれいに洗い清めよう」と言い、海で身体を洗い流した。すると、イザナキが身につけていた帯や衣装を脱ぎ捨てるたびに神々が生まれはじめてきた。その最後に生まれたのが、太陽の神アマテラス、月の神ツクヨミ、そして荒々しい海の神スサノオという「三貴子《みはしらのうずのみこ》」となる。

ウケヒで姉弟対決

さて、末弟のスサノオだが、これがまた暴れん坊かつ利かん坊で、父イザナキから「アマテラスは高天原を、ツクヨミは夜の国を、スサノオは海を治めなさい」と言われるが、「死んだ母が住む根の国に行きたい！」と泣き叫び、とうとう父の怒りを買って追放されてしまった。

スサノオ言わく、「それならば、挨拶をしてから去りましょう」と姉のアマテラスに別れを告げるために天に昇っていくが、アマテラスは弟が高天原を乗っ取りに来たと勘違いしてしまい、完全対決という姿勢で出迎えた。スサノオが事情を説明してもアマテラスは信じず、次のように言った。

「お前の心に嘘がないのを確かめるには、どうしたらよいのだ」

しばらく考えたスサノオは、「それでは、お互いが子を産み、男か女かで占うことにしましょう」と答え、ウケヒ(1)で対決することになる。ウケヒとは、神意を問う儀式のことである。

二人は天安河《あめのやすのかわ》を挟んで両岸に立ち、それぞれに誓いを立てて子をなした。最初にアマテラスがスサノオの十拳の剣《とつかのつるぎ》をバリバリと噛み砕き、ふっと吹き出したのが三柱の女神。のちに「宗像三女神《むなかたさんじょしん》」と呼ばれて海の神様となる。対するスサノオは、姉の勾玉を噛み砕き、ふっと吹き出すと生まれたのが五柱の男神である。五柱のうち、最初に生まれたアメノオシホミミノミコトがのちに皇室の祖先となるが、それはまだ先のことだ。

さてここで、アマテラスが弟スサノオに向かって言った。

「あとから生まれた五人の男の子は、私の持ち物から生まれたから私の子」

するとスサノオは、

「私の心が清いことが証明されました。優しい女の子ばかりを生んだ私の勝ち」

と勝利宣言をして、二人の対決は終了した。

アマテラスの岩戸隠れ

勝ち誇ったスサノオは、有頂天になったのか、傍若無人に暴れまくった。田んぼを壊したり、御殿を糞で汚したりと、やりたい放題の挙げ句、とうとう皮を剥いだ馬を機織《はたおり》の部屋に投げ込み、それに驚いた織女が死んでしまった。

さすがのアマテラスも堪忍袋の尾が切れてしまい、「天《あま》の岩屋《いわや》」に入り、その戸をピシャリと閉めて隠れてしまった。太陽神であるアマテラスがいなくなったわけだから、高天原や地上も闇に閉ざされるなど、さまざまな災いが起こりはじめた。

困った八百万《やおよろず》の神々は、天安河原《あまのやすかわら》に集まり、対策を相談することになった。すると、頭のよい思考の神であるオモヒカネが知恵を絞り出した。その妙案というのは、鏡とたくさんの勾玉《まがたま》をつくり、聖なる木に飾り、その木を中心に祭りを開くことであった。

オモイカネが踊りの上手な芸能の神アメノウズメに妖艶な舞を命ずると、肌を露わにしてトランス状態で舞を披露しはじめた。その状況に神々がドッと笑い出すと、岩戸の中のアマテラスは「何事か」とソワソワしはじめ、岩戸を少しだけ開けて尋ねると、アメノウズメが「あなたよりもっと尊い神様がいらしたので、喜んでいるのです」と答えて鏡を差し出した。

そこに写った自分の姿を見たアマテラスは、「私より輝いている神がいる」と不思議に思い、ズズッと身を乗り出してくる。すると、戸の影で待ち構えていた力持ちの神アメノタヂカラオが、

（1）「うけい」とも言う。古代日本で行われた占いで、「宇気比」、「誓約」、「祈」、「誓」などと書く。たとえば、「高天原を訪れた須佐之男命に邪心があるかどうか」（アマテラスとスサノオの誓約）について、「そうならばこうなる、そうでないならば、こうなる」とあらかじめ宣言を行い、そのどちらが起こるかによって、吉凶、正邪、成否などを判断する。ここでは、互いのものを交換して、それによって生まれた神（五男三女神）の性別で判断を行っている。すなわち、邪心がないからこそか弱い女神が生まれたとした。

アマテラスの手を取って引き出し、再び閉じられないように岩戸をブーンと放り投げてしまった。これでアマテラスがようやく姿を現すことになり、高天原は光を取り戻し、山も川も再び輝きはじめたので神々は安堵したという話である。

ここでいう、アメノタヂカラオが放り投げた岩戸が長野県の戸隠まで飛んだという話が、母から私が聞いたものである。

スサノオ、オロチ退治で英雄になる

さて、アマテラスが現れたことで再び追放となったスサノオは、天から出雲の国に降り立ち、嘆き悲しんでいる老父婦と若い娘に出会った。老父婦の名前はアシナヅチとテナヅチ、そして娘の名前はクシナダヒメという。

聞くと、八つの頭と尾をもつ巨大な化け物であるヤマタノオロチが毎年現れては、一人ずつ娘を食い殺しているという。元々いた八人の娘のうち、七人がすでに犠牲になっており、最後のクシナダヒメの番が近づいていて恐れ嘆いているところだった。

なぜか、ここでスサノオは、いきなり「この娘を私にくれないか?」とプロポーズしたが、父アシナヅチは「まだ、あなたさまのお名前も知りませんので……」と当たり前のように拒否をした。するとスサノオは、「私はアマテラスの弟なり! たった今、天から降りてきたのだ」と高らかに返答した。となれば、「ははーっ」とひれ伏すしかないアシナヅチであった。

しかし、話はここで終わらない。というより、ここからが真骨頂となる。

スサノオはすぐさまクシナダヒメを櫛に変え、自らの頭に差して隠し、老夫婦に次のように命じた。

「八回の醸造を繰り返して強い酒をつくり、八つの門がある垣根を造り、その門すべてに酒樽を置いて待て」

言われたとおりにして待っていると、やって来たヤマタノオロチが八つの酒樽にそれぞれの頭を突っ込み、グイグイと酒を飲んで酔い潰れてしまった。ここぞとばかりにスサノオが剣を抜いて大蛇をズタズタに切り裂くと、尾を切ったときにその中から立派な太刀が出てきた。それを見たスサノオは、「これは大事なものだ」と考え、アマテラスに献上することにした。これが三種の神器の一つ、「草那藝乃太刀《くさなぎのたち》」である。

その後、スサノオはクシナダヒメと暮らすための場所を出雲の須我《すが》に決め、宮造りをすることにした。乱暴者として追放されてきたスサノオであるが、邪悪な大蛇を退治することで英雄となって認められ、子をなすことになる。

オオクニヌシと因幡の白ウサギ

スサノオの六代後に生まれたのが五つの顔をもつオオクニヌシである。彼には八十神《やそがみ》もの兄弟がいるのだが、揃いも揃って因幡国のヤガミヒメを妻にしたいと思っていた。下僕にしたオオクニヌシを引き連れて八十神たちは因幡国へ向かうが、その途中の気多《けた》の岬《みさき》（現・鳥取県気多郡）で、皮を剥がされ赤裸になったウサギと出会った。それを目にした一行は、「塩水を浴びて身体を乾かせば治る」と、なんとも残忍な嘘をついた。

言われるとおりにしたウサギは、容態が悪化し、あまりの痛みにオイオイと泣き続けた。荷物持ちとしてコキ使われ、一番遅れて到着したオオクニヌシが、「なぜ泣いているんだい？」と優しくウサギに問いかけた。すると、ウサギが次のように答えた。

私は淤岐《おき》の島に住んでいたのですが、こちらに移りたいと思ってもその手段がありませんでした。そこで海に住む鮫《さめ》たちをだまして、「私たちの一族ときみたちを比べて、どちらが多いか数えよう。きみたちは全員で集まってこの島から気多の崎までずらっと並んでください。そうしたら私が一匹ずつ声に出して数えながら向こうまで走っていきましょう。それでどちらが多いかわかる」と言いました。そうしてだまして並んだ上を数えながら踏んで渡ったのですが、向こうの地におりようとした時に「やーい、だまされた」と言ったばかりに最

後の鮫に捕まって着ているものをぜんぶ剥がれました。そんなわけで泣いていたところ、八十名の神様たちが来て「塩水を浴びて風に当たって寝ていなさい」と教えてくれました。言われたとおりにしたら身体中が傷になってしまいました。（『古事記』池澤夏樹訳、河出書房新社、二〇一四年、六九〜七〇ページ）

哀れに思ったオオクニヌシは、「それならば川の真水で身体を洗い、ガマの穂を敷いてその上に寝転んでいれば、お前の肌は治りますよ」と丁寧に教えた。その後、見事全快したウサギが、「あの八十神たちがヤガミヒメを得ることはありません。結ばれるのはあなたですよ」と、不思議なお告げを言った。

このお告げどおり、ヤガミヒメがオオクニヌシを選んだことだから、さあ大変！　八十神たちは怒り狂って、オオクニヌシを殺害しようと企てた。しかし、残忍な手口で殺されるたびにオオクニヌシは母神に助け出され、最終的には「根の堅州の国」を支配するスサノオのところに逃げ込むことにした。

それにしても、八十神たちを虜にしたヤガミヒメ、いったいどれだけの美貌のもち主であったのだろうか。同じ女性として、気になってしまう。

試練を乗り越えよ！

八十神《やそがみ》たちからの追撃を逃れたオオクニヌシだが、逃げ込んだ先である「根の国」でも新たな試練が待ち受けていた。というのも、スサノオを訪ねた際に出会った娘のスセリビメと一瞬にして恋に落ちてしまったのだ。

もちろん、素直に認めるスサノオではない。オオクニヌシは次から次へと難題をもちかけられ、試練との戦いがはじまることになった。

ヘビの洞窟や、ムカデとハチの洞窟での夜明かしを求められたり、野に放たれた「矢を探してこい」と命じられたと思ったら、探している最中に火を放たれたりと凄まじいものであった。しかし、それを支えるのがスセリビメの愛である。機転を利かせ、オオクニヌシを完璧にサポートして窮地を救ってくれたのだ。

このようなことを繰り返して、ようやく家に入れてもらえたオオクニヌシではあるが、今度はスサノオの頭にいる「シラミを取れ」と命令された。ところが、その頭にはシラミではなく大ムカデがウヨウヨいた。ここでもスセリビメが機転を利かせ、ムカデを退治しているとスサノオに勘違いさせた。

つい気持ちよくなり、寝入ってしまったスサノオにオオクニヌシは、「今がチャンス！」と、スサノオの髪の毛を天井の垂木に結び付け、大きな石で扉を塞いで二人は逃げ出そうとした。しかし、その際に持ち出そうとした太刀と弓、そして霊力のある琴のうち、琴が樹に触れて大きな音を立ててしまった。

寝ていたスサノオはハッと飛び起きたが、縛られていた髪に引っ張られ、家屋が倒壊してしまった。スサノオがその髪をほどいているうちに二人はどんどん遠くへと逃げ去っていく。とうとう諦めたスサノオは、オオクニヌシに向かって大声で叫んだ。

「今、お前が持っている太刀と弓で兄弟ども追っ払え。そして、今からは宇都志国玉の神となり、我が娘スセリビメを正妻とし、出雲に立派な御殿を造って住め。こやつめ！　達者でな」と、エールとも言える言葉を送った。

その後、オオクニヌシは、その言葉どおりに出雲に国を造っていくことになる。

さて、最初に出会っている因幡のヤガミヒメはどうなったのだろうか？　どうやら、出雲の国に来てみたものの、スセリビメの嫉妬が怖くなって故郷に帰ってしまったようである。

職権乱用か？　国譲り

「根の国」から帰ったオオクニヌシは、スサノオのところから持ち去った三つの宝器の力を借りて、着々と地上の国造りを行っていった。その様子を天上の高天原から見ていたアマテラスは、「地上の葦原中国《あしわらのなかつくに》（高天原と地下の黄泉国の中間。つまり、日本列島）を治めるのは、我が子アメノオシホミミであるぞ」と、職権乱用とも言える宣言をする。この神は、高天原のウケヒのときにスサノオが最初に吹き出した男の神である。

アマテラスから命を受けたアメノオシホミミが雨の浮橋から下界を眺めると、下界はひどく乱れていたために、神々と相談した結果、使者を出すことになった。二度にわたって交渉へと向かわせるが、いずれも失敗し、ついに最強の雷神タケミカヅチを地上に送ることになった。

タケミカヅチに「国譲り」を迫られたオオクニヌシは、自分で答えずに、二人の息子に解決を託すことにした。兄であるコトシロヌシは、恐れをなしたのか「譲りましょう」と即決するが、弟のタケミナカタが抵抗し、タケミカヅチと力比べをすることになった。しかし、残念ながら力及ばず、諏訪の地へと追いやられ、生涯幽閉されることになってしまった。当のオオクニヌシはというと、立派な神殿を造ってくれることを条件に、国譲りを承諾してしまっている。

現代であれば「パワハラ」とも言えるアマテラスの言葉と、ちゃっかりもののオオクニヌシ、この二人に世渡りの術《すべ》を教えられているような気がするのは私だけだろうか。

天孫ニニギが舞い降りる

地上の世界が平定されたので、アマテラスは改めてアメノオシホミミを葦原中国《あしわらのなかつくに》へ送ろうとした。

「ようやく葦原中国を治めるときが来た。それを行うのはあなたです。地上へ降りて国を治めなさい」

しかし、アメノオシホミミは、「私が下界へ降りる準備をしている間に息子が生まれました。私の代わりにこの子ニニギを下界に降しましょう」と答え、ニニギを降臨させることとなった。

そして、ニニギが天から降りようとしたとき、偵察に行った一人の神さまが大慌てで帰ってきて、こう言った。

「地上に降りる途中にある分かれ道に、天と地上を照らしている摩訶不思議な神がいます」

その不思議な神は、背は見上げるほど高く、目や口はギラギラと赤く光り、それはそれは恐ろしい姿であったという。

アマテラスは、天岩戸で活躍した勇気あるアメノウズメにその正体を確かめるよう命じた。命じられたアメノウズメは、その神のところへ行って名前を尋ねると、「私は地上の神で、名前はサルタヒコと申します。ニニギノミコトが天から降りられると聞き、案内役のためにお待ちしていました」と答え、道案内をすることになった。

こうしてニニギノミコトは、他の五部神とともに、「筑紫の日向の高千穂の峰」に降り立つことになる。そう、天孫降臨である。その際にアマテラスより授かった宝物が、「勾玉《まがたま》」、「鏡」、「剣《つるぎ》」の三種の神器である。

分厚い雲をかきわけ、高千穂の峰のクジフル岳に降り立ったニニギノミコトは、「この場所は朝陽が射し、夕陽が明るく照らすよい国だ」と言い、太い柱を立てて大きな宮殿を造り、そこで暮らすことにした。こうして、天つ国の皇子が「葦原中国《あしわらのなかつくに》」を支配する時代がはじまっていくことになる。また、この天孫降臨の際に出会ったサルタヒコとアメノウズメは、この出会いがきっかけとなって結婚することになる。天上の神様と地上の神様が初めて結ばれた瞬間である。

ニニギノミコト、一目惚れをする

高千穂の峰に宮殿を造り、腰を落ち着けたニニギノミコトは、ある日、笠沙《かささ》の岬で絶世の美女と出会い、一目惚れをしてしまった。その名

国見ヶ丘に立つニニギノミコト像

はコノハナサクヤビメ。ニニギノミコトはすぐにプロポーズをしたが、コノハナサクヤビメのほうは躊躇した。それもそのはず、相手は天つ国の皇子なのだ。

とはいえ、ニニギノミコトと結婚したいと思ったコノハナサクヤビメは、父親に相談することにした。それを聞いた父オホヤマツミは大喜びをし、たくさんの贈り物と姉のイワナガヒメをセットにして嫁がせることにした。ところが、この姉の容姿があまりにも醜いものであったため、ニニギノミコトは送り返してしまった。イワナガヒメが返されたことに驚いた父オホヤマツミは、次のように言った。

「姉妹を捧げたのには意味があります。イワナガヒメを側に置かれれば、あなたの命は岩のように永遠に続きます。また、コノハナサクヤビメを差し上げたのは、咲き誇る木の花のごとく栄えることを願ってのことでした。しかし、妹だけを望んだ以上、天つ神の御子の命は、木の花のようにもろく儚いものになるでしょう」

これが理由で、天皇家の寿命は人間と同じ寿命をもつようになったと言われている。

コノハナサクヤビメの命をかけた火中出産

不憫ともいえる姉の件もあったが、二人はめでたく結婚した。大きな御殿を建て、そこで過ごすことになったわけだが、夫婦としてともにしたのは一夜だけであった。なぜなら、反乱を沈めるために、ニニギノミコトは旅に出掛けなければならなかったのだ。

反乱を鎮め、ニニギノミコトが無事に帰ってくると、コノハナサクヤビメのお腹の中には赤ちゃんができていた。嬉しい気持ちでそれを報告すると、あろうことかニニギノミコトが次のように言った。

「おまえとは一夜しか共寝をしていない。我が子ではなく、国つ神の子ではないか」

初めは疑われたことを嘆き悲しんだコノハナサクヤビメであったが、毅然とした態度で、「もし、ほかの神の子ならば無事に生まれず、天つ神の子ならば無事に生まれるでしょう」と言い、産屋に入って火を放った。そして、燃え盛る火のなかでコノハナサクヤビメは、ホデリノミコト、ホスセリノミコト、ホオリノミコトという三人の子どもを見事に産んだ。

のちに、兄ホデリノミコトは、海の幸を得る力に優れていたので「海幸彦」と呼ばれ、弟ホオリノミコトは、山の幸を得る力が優れていたので「山幸彦」と呼ばれるようになる。それにしても、火中出産までするとは……。コノハナサクヤビメの気性の強さには頭が下がる。

山幸彦の妻トヨタマヒメは、初代天皇のおばあちゃん

長男ホデリと三男ホオリは成長し、立派な若者に育っていった。兄は海幸彦として海で魚を捕り、弟は山幸彦として山で狩りをするという暮らしであった。ある日のこと、気分転換に二人は

互いの道具を交換して仕事をすることにした。喜んだホオリは兄の釣りの道具を持って海に行くが、魚が釣れないばかりか、兄ホデリが大切にしていた釣り針をなくしてしまった。

「釣り針は命より大切なもの。弟だとしても許さん！」と兄はカンカンに怒り、弟がいくら謝っても許さなかった。

困り果てたホオリが海辺で途方に暮れていると、そこに海の潮を司る神シオツチがやって来た。事情を聞き、かわいそうに思ったシオツチは、海底にある海神の宮へ行くことを提案し、小舟を造ってくれた。舟に乗り込んだホオリが潮の流れに任せていると、キラキラと輝く御殿に流れ着いた。ホオリは、そこで出会った美しい海神ワタツミの娘であるトヨタマヒメと恋に落ち、結婚することになった。

幸せな時間が瞬く間に過ぎてゆき、三年の月日があっという間に経ったある日のこと、ホオリは自分がなぜここに来たのかという経緯を思い出した。そのことを義父ワタツミに相談すると、魚を集め、針を飲み込んでいた赤いタイを探し出してくれた。ようやく兄の釣り針を見つけたホオリは、サメの背中に乗って単身で地上に戻ることになる。

さて、海底に残ったトヨタマヒメだが、すでに身ごもっていることが分かり、「天つ神の御子を海で産むべきではない」と、地上に上陸することにした。ホオリはすぐさま渚に鵜の羽で葺いた産屋を造らせたが、まだ葺き終わらないうちに陣痛がはじまってしまった。産屋に入ろうとするトヨタマヒメはホオリに、「あちらの国では子を産むときに本来の姿に戻ります。お願いですから、私を見ないでくださいね」と頼んだ。

そんなことを言われたら、逆に見たくなってしまうというのは黄泉《よみ》の国のイザナキと同じである。好奇心を抑えきれないホオリは、こっそりと覗いてしまった。すると、そこには大きなサメの姿でのたうち回っている姫の姿があった。本来の姿を見られたトヨタマヒメは、「あんなに見ないでくださいとお願いをしたのに……」と言い、恥ずかしさに耐えきれず、産み落とした御子を置いて海神の宮へ帰ってしまった。

初代天皇イハレビコ誕生！

ホオリのもとに残された子どもは、産屋の屋根がまだ葺き終わらないうちに生まれたので、「ウガヤフキアエズノミコト（鵜葺草葺不合命）」と名付けられた。一方、ホオリのもとを去ったトヨタマヒメだが、置いてきた我が子のことがさすがに心配になり、海神の国から妹のタマヨリヒメを養育係として送ることにした。

タマヨリヒメはウガヤフキアエズを我が子のように可愛がり、大切に育てていった。その後、無事に成長したウガヤフキアエズは、叔母でもあるタマヨリヒメを妻として迎えて四人の子どもをなした。四人の名前は、上からイツセノミコト、イナヒノミコト、ミケヌノミコト、そしてワカミヌケノミコト（別名イハレビコノミコト、のちの神武天皇）と名付けられた。

ニニギノミコトの天孫降臨からはじまり、ホオリの海神の国への訪問、そしてウガヤフキアエズが誕生するまでを「日向三代」という。また、『古事記』においては、ここまでが「上巻」として神々の物語となっている。

兄イツセと弟イハレビコ（神武天皇）、東へ旅立つ

四兄弟だった御子たちだが、その後、次男は母が住む海神の国へ行き、三男は海の彼方にある常世の国へと旅立ってしまった。残された長男イツセと末弟イハレビコは、筑紫の高千穂の宮で、「どこの地なら天下を治め、平和にすることができるだろうか」と相談を繰り返していた。そして、国を治めるためにふさわしい地を求めて東へ旅立つことにした。

船で日向を出発した一行は、豊の国（大分）から北九州へ北上し、瀬戸内海を東進して大阪へ向かった。そして、浪速の渡り（大阪湾）を経て、沿岸部付近に到着したとき、登美（奈良）のナガスネビコが攻めてきた。この戦いで矢に当たって負傷したイツセは、「日の神の御子が太陽に向かって戦ったのが間違いだ」と言い、進路を南のほうへ向けて迂回することにした。しかし、この傷がもとでイツセは、「卑しい奴にやられて死ぬとは残念だ！」と雄叫びを上げ、ついに息絶えてしまった。

残されたイハレビコは、イツセを竈山《かまやま》（和歌山市）に葬ったあと熊野から上陸するが、大きな熊に化けた熊野の神に遭遇し、毒気にやられて意識を失ってしまった。そこへ熊野の高倉下《たかくらじ》という者が現れ、一振りの剣を献上した。この剣の霊力でたちまち正気に戻ったイハレビコは、「あぁ、長く寝ていたものよ」と言い、その剣を受け取った。すると、熊野の神々は、剣のもつ霊力で瞬く間に滅ぼされてしまった。

この剣は、アマテラスが、イハレビコの窮地を救うために、天のお告げとして降ろしてきたものである。神のご加護を得た一行は、夢のお告げとして高天原《たかあまはら》から遣わされた八咫烏《やたがらす》に導かれ、吉野川（奈良県）をさかのぼっていった。その後も各地の荒ぶる神などが次々と現れるが、そのすべてを征服し、ついに橿原《かしはら》に宮を建てて天下を治めることになった。初代・神武天皇が誕生した瞬間である。

第4章

五感を味わうウォーキング

——里を歩く

前章での神話の話、いかがだっただろうか。そういえば聞いたことがある、と懐かしく感じた人もいることだろう。私たちの世代が子どもに神話を語るという機会がかなり少なくなっている現在、逆に新鮮なものとして受け取っていただけるとありがたい。

本章では、この神話に関係している高千穂郷を紹介していくことにする。京都や奈良といった観光名所ではないが、この地に生きる人たちは、日本神話を伝えることを目的としてさまざまな形でアピールを続けている。地元に住む人たちのサポートを受けつつ、日本神話ゆかりの地を歩いてめぐることにした。

なお、以下で紹介する各コースを案内するパンフレットなどは、地元の観光案内所などに用意されているので、実際に行かれたときに入手していただきたい。ここでは、一部のコースのみ、地図を掲載させていただいた。

槵觸《くしふる》神社を散策するコース

パワーあふれる天孫降臨の地——クジフル岳

高千穂町の中心部から東へ進んでいくと、徐々に道が上りとなり、木々が増えて緑が濃くなってくる。そのまま数百メートル進んでいくと、左手に大きな鳥居が現れた。槵觸神社の入り口である。ここはニニギノミコトが天孫降臨をしたと伝わるクジフル岳（四一六メートル）に鎮座する神社だが、山と言っても、見た目は「こんもりとした森」という感じである。

鳥居をくぐると、手水舎《ちょうずや》(1)の後ろに大きな杉の木が立ち並び、その間をぐっていくように苔むした階段が続いていた。思わず息をのみ、「こんもりとした森」という印象はあっという間に吹き飛んでしまった。

階段をゆっくり上っていくと、目の前に木造の古い社殿が現れた。そこにも、所狭しと杉の大木が立ち並んでおり、まるで社殿を守っているような感じである。時折吹く風のなか、小鳥のさえずりが聞こえてくる。あまりの気持ちよさに目を閉じてしまうと、天界につながっているような錯覚に陥った。

そもそも、昔は山全体を御神体としていたそうで、長い間社殿をもたなかった。現在、私たちが目にする社殿は一六九四年に建立さ

（1）神社に参拝した人が身を浄めるために手水を使う施設のことで、「水盤舎《すいばんしゃ》」とか「御水屋《おみずや》」とも呼ばれている。

杉の大木が立ち並ぶ厳かな槵觸神社

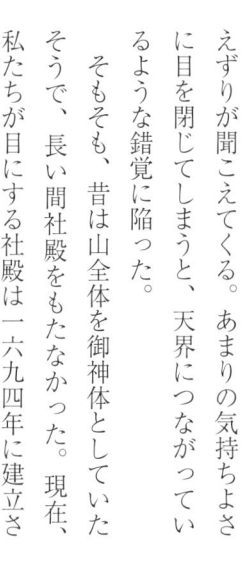

れたもので、三〇〇年以上経過していることになる。そんな歴史を考えると、長く続いている信仰の深さを感じざるを得ない。

高千穂にはどのような言い伝えがあるのかと思い、調べてみると面白いことが分かってきた。この地に降臨し、宮殿を建て、筑紫の国を統治したニニギノミコトは天下を治めるために東征に出た。その間、ここに立ち入る人はなく、月日が流れたと伝わっている。大自然の峰々と宮居の跡を神聖な場所と人びとは考えていたので、山全体が御神体となっていたのだろう。その後、さまざまな経緯から、高千穂神社の宮司をはじめとして、高千穂郷民の熱望で社殿が建立されたという。

お参りをすませ、本殿をグルッと回ってみることにした。決してきらびやかな造りとはいえないが、本殿両袖の周囲には「昇り龍」、「下り龍」をはじめとして、「支那二十四孝物語」に基づく立派な彫刻が施されている。「支那二十四孝物語」

「志那二十四孝物語」の彫刻が施された本殿。高千穂町指定・有形文化財（2000年）

とは、中国の元の時代（一三〜一四世紀）、孝行に優れた人を取り上げた二四人の物語であるが、そのうちの一五の物語がここに彫られている。一彫りずつ丁寧に彫られており、見事なまでの立体感を生み出している。首が痛くなるのを忘れてしまうほど、見上げ続ける自分がいた。

相撲のルーツはここ

本殿から少し外れ、横の道を下りていくと広場が現れた。そのなかには屋根付きの土俵があった。思わず、「神社と相撲」の関係に興味が湧いてきた。調べてみると、相撲の起源は神話の時代までさかのぼり、槵觸神社だからこその由縁が分かってきた。

ご存じのとおり、相撲は日本の国技であり、伝統的なスポーツと位置づけられている。現代でこそスポーツとして多くの人を魅了しているわけだが、かつては五穀豊穣を占うためのお祭りとして行われていたり、武芸・武術の側面があったりと、時代の流れのなかで変化を続けてきた。そのルーツを探ると神話の存在があった。では、神話時代にさかのぼってみよう。

「オオクニヌシの国譲り」の際、なかなか話が進まない状況に業を煮やしたアマテラスは、力自慢の雷神タケミカヅチを使いに出した。そのときに抵抗したのが、オオクニヌシの次男であるタケミナカタだ。このタケミナカタとタケミカヅチの闘いが、相撲のルーツとされている。

勝ったタケミカヅチはというと、ニニギノミコトの天孫降臨の際に一緒に降りてきた五柱の神様（別天津神《ことあまつかみ》）のうちの一人で、現在も櫛觸神社の祭神として祀られている。そして、ここでは、タケミカヅチとタケミナカタが力比べをしたことによって国譲りが平和にすみ、神々が相撲をはじめられたと言い伝えられている。

このような神話に基づいて、秋の例祭では古くから相撲大会が奉納されており、今日まで続いている。とくに、夜半にタケミカヅチが唸り声を発せられるという伝説からはじまった幼児の「うなり相撲」の人気が高い。うなり相撲は、にらめっこをして先に泣いた（うなった）ほうが勝ちになるというものだが、毎年、ニュースで流れるのでご覧になった人もいることだろう。

また、熊本県阿蘇にある三大下り宮の「草部吉見神社」とも深い因縁があり、櫛觸神社の相撲大会に出場した力士は、翌日に開催される吉見神社の大会に出場する習わしがあるという。草部吉見神社は、こんな事実を知る前にガイドである高藤文明《たかふじふみあき》（一四ページ参照）さんのアドバイスで引き寄せられるように訪れたところである。そのときのことを思い出しながら紹介したい。

草部吉見神社を訪れた日は、九月後半のよく晴れた日だった。国道325号線から標識どおりに進んでいくと、車道沿い、唐突に神社の鳥居が現れた。隣にある駐車場に車を停め、鳥居の前に立つと、九月とは思えないほど強い日差しが燦々と降り注いでいた。しかし、その先には漆黒の空間が広がっており、暑い日にもかかわらず、なぜだかスーッと身が引き締まった。

暗がりに入り、目を凝らすと急な階段が続いている。はるか下に社殿が見えてきた。足元に気を付けながらゆっくり下りていくと、杉の大木が林立した森が目に飛び込んできた。なかでも、本殿を後ろから守るように立つ御神木でもある大杉の存在感は、思わず身体がブルっと震えてしまうほどのものだった。

この御神木は高さ四〇メートルを超えており、樹齢七〇〇年以上とも推定されている。ご祭神は神武天皇の第一皇子であるヒコヤイノミコト（日子八井命）で、神武天皇の東征の際に日向・高千穂より草部に入り、住民を困らせていた大蛇を退治したと伝えられている。また、ここでは岩戸系の神楽《かぐら》が伝承されているようで、立派な神楽殿が佇んでいた。

高千穂郷と阿蘇、今もなお、神々を通じて深くつながっている。

水を操る神ヒコヤイノミコトから吉見＝吉い水との説

130段の参道を下っていく

神々の軌跡が残る森の中の散歩道

相撲広場を後にし、きれいに整備された遊歩道を「四皇子ヶ峰」方面へ進んでいく。「風土記・万葉の丘」という大きな広場に突き当たり、そこに「高千穂碑」という立派ないしぶみがあった。

簡単に説明すると、「高千穂が天孫降臨の地です」ということを明らかにするために、『風土記』に掲載されていた古歌が刻まれた石碑である。残念ながら現存されていない『日向風土記』だが、高千穂の方々が誇りをもって「皇祖発祥の地」と伝えてきていることが分かる。

遊歩道に戻ると、今度は緩やかな上りとなる。大きな杉の木と群生した榊に囲まれた遊歩道には日の光があまり当たらない。それが逆に外界を遮断しているような雰囲気をかもし出し、厳かな様相が感じられる。

しばらく歩いていくと、「高天原遥拝所」が現れた。ここは、高天原からニニギノミコトと一緒に降臨された神々が、天上

整備された散策コースが森の中に広がる

を懐かしんで遥拝《ようはい》した場所と言い伝えられている。今でこそ木々のなかにあり、天上を遥拝することが不可能のように思われるが、何か見えないエネルギーが天上とつながっているような清々しい空気が流れる空間であった。

その後、遊歩道を少し下りると、このあたりは裏参道らしく、簡素な鳥居が現れた。鳥居の先には白い柵で囲まれた小さな広場があり、「四皇子ケ峰」と書かれた看板が視界に入った。ここは、神武天皇とご兄弟神（四皇子）の誕生の地と伝えられている場所だ。しかし、その広場は参拝所で、実際に伝わっている誕生の地は聖域とされ、立ち入ることはできない。

広場に入ると、その奥にも柵が張りめぐらされていた。その手前に簡単な造りの祭壇があったが、おそらくその先が聖域とされる誕生の地なのであろう。このあたりについて、「高千穂の古事伝説・民話」（高千穂町老人クラブ連合会発行、一九九二年）に次のような説明があった。

高天原遥拝所

四皇子峰は、高天の原社の南方に連なっている老杉に覆われた山である。下方に参拝所があって神垣が廻らされている。これより中上には立ち入りが禁止されている。前の宮司から聞いたところによると、直径三十メートル内外の平地がある、その南端に石祠があって高天の原の方に向いているとのことである。（前掲書、一三三ページ）

さて、サルタヒコを覚えているだろうか。ニニギノミコトが槵觸峰に降臨した際、道案内をした摩訶不思議な神様である。

サルタヒコは、この地を治めている土着の長であった。ニニギノミコトは降臨後、一緒に従えて降りてきた神々、そしてサルタヒコをはじめとした多くの地上の神々と協力し、米、麦、麻、粟、豆といった五穀の生産や衣食住の技術といった文化をつくり出した。そして、ニニギノミコトの御子ホオリノミコト（山幸彦）、孫のウガヤフキアエズという三代にわたり、槵觸峰、高天の原山、四皇子ケ峰に宮居を定め、政治を行ったとされている。それゆえ、この三代は「日向三代」と呼ばれている（五七ページ参照）。

町の中心部からほど近く、車の往来が激しい道に面しているのにもかかわらず、開発から守られてきた御神体の山がここに存在している。

天孫ニニギの愛が伝わる逢初川《あいそめがわ》

櫰觸神社から少し離れ、ニニギノミコトとコノハナサクヤビメの出会いを確かめに行くことにした。

櫰觸峰の裏参道から南のほうへ向かう階段があり、それが下にある集落へと続いている。整備された遊歩道とは打って変わり、いきなり生活道となっているので「行っても大丈夫かな」と思いながら下っていく。少し下ると目の前が急に開け、小高い山の麓には田んぼと家並みが広がっていた。

この集落は「下川登《しもかわのぼり》」と言い、馬頭観音《ばとうかんのん》が祀ってあった。のちに分かったことだが、昔の高千穂は農耕馬として馬を飼っている農家が多かったそうだ。現在、高千穂牛が有名になり、牛小屋が多いのだが、今でも牛小屋のことを「馬屋《まや》」と呼ぶそうだ。また、「馬」の字が村名に使われている場所が多く、馬背野《ませの》、馬生木《もうぎ》、馬角《まかど》をはじめとしてほかにも多数ある。

馬頭観音から民家の間を走るクネクネとした田舎道を下っていくと、すぐに突き当たりにぶつかった。そこを右へ曲がり、しばらく進むと、右手にポツンと木造の鳥居が立っていて、そこが「逢初《あいそめ》天神社」の裏参道だという。注意していないと見逃してしまうほど、ひっそりとした佇まいである。

鳥居の脇を流れる逢初川は、この水面に映るコノハナサクヤビメに一目惚れをしたニニギノミコトが即座に求婚したという伝説が残っている場所だ。川というよりは、それはそれは小さな池に見えるが、地元では「井川」とも呼ばれている。この「井川」という名称は、ここの地名「三田井《みたい》」から来ているようだ。「三田井」というのは、読んで字のごとく、この地には三つの田んぼと三つの井戸がありますよ、ということになる。

この三つの井戸は、水が溜まってできたものではない。コンコンと水が湧き出ていて、人々は生活水や田畑の農業水として重宝に使い、水神様としてお祀りしていると聞いた。昔に比べると水量が減ってしまったそうだが、三つの井戸のうちの一つが「井川」と呼ばれ、現在でも地元では親しまれている。

池の奥には注連縄《しめなわ》が結ばれた建物があり、その裏手から水が染み出していた。ごく数量だが、耳をすますと滴がこぼれ落ちる音が聞こえてきた。

小さな天神様だが、実は本当にあった場所から移設されている。一九四六年九月の台風によって大量の水が流れ込んで崩壊し、上の地となる現在の場所に移転建築された。元の場所を訪れると、今でもお供

崩れ落ちた階段の上にある逢初天神社の跡地

下川登集落

えが置かれた祠があった。村の人々の、当時を偲ぶ気持ちが伝わってくる。

ニニギノミコトとサクヤビメの出会いは各地で伝えられている。しかし、この地を目にしたとき、私は「ここが本当の逢初川だったのでは？」と強く感じてしまった。その理由は分からないが……。

不増不滅の御神水「天真名井《あめのまない》」

逢初川でほのかに温かい気持ちになったあと、再び槵觸神社に戻ることにした。槵觸神社の入り口にある鳥居と社殿への参道の間に、西へ抜ける道がある。目指す場所は、その先にある「天真名井」である。

ニニギノミコトが降臨したとき、この地によい水がなかった。それならばと、従って一緒に降りてきたアメノムラクモに、「高天原へ上がり、水の種をもらってくるように」と命じた。アメノムラクモはアマテラスから水の種を三つもらい、そのうちの一つをこの地に、もう一つを丹波の国『氷沼の予佐宮』(2)に、あと一つは伊勢神宮の外宮である「豊受の宮」の敷地にある高佐山(3)に置いたという（前掲書「高千穂の古事伝説・民話」参照）。

境内を抜けると、ほんの数分で注連縄が結ばれた大きな木が現れた。この木は樹齢一三〇〇年とも言われるケヤキの御神木で、この木に守られるように天真名井は鎮座しており、その下には神代川《くましろがわ》が流れている。

天真名井の中を覗いてみると、御神木の根元にあたるため真っ暗で何も見えないが、今でもコンコンと水が湧き出ているという。また、不増不減の御神水として信仰されており、高千穂・槵觸両神社の例祭では「御旅所」として神輿が安置され、器具類のお清めと神楽が奉納されている。

また、井の中に、約一二センチメートル角で高さ五〇センチメートルの石柱が中央より左側に立てられているともいう。尊い神様の水と崇めた付近の人々が、死人が出た親類縁者や不浄のあった女性などは石柱に向かって左の水を汲むことになっていた、と伝えている。

あたりを見回すと、神代川の対岸に注連縄が結ばれた大きな石があった。これは「夜泣き石」と言われており、村に災いがあるときは石がうごめいて知らせたことがその由縁となっている。伝説では、ニニギノミコトの子を宿したコノハナサクヤビメが、あまりの難産にこの石に抱きついてお産をし

御神木に守られている天真名井

たとなっているが、「記紀神話」ではコノハナサクヤビメは火中出産したと伝えている。果たして真相はどうなのだろうか。いずれにしても、正解のない言い伝えは面白い。

村の鎮守――荒立神社

九月というのに暑い日差しが差し込んでいるが、そのまま少し先にある荒立神社に足を延ばすことにした。

荒立神社は、槵觸峰から続いている神椙木山《かむろぎ》の中腹に鎮座している。車道沿いを歩くこと約五〇〇メートル、右手にある大きな鳥居をくぐり、民家のなかを抜けながら神社への道を上っていく。人の手が入った生け垣の合間に真っ赤な彼岸花が彩りを添えている道を歩く。神社と人々の

（2）京都府宮津市にある「元伊勢　籠《この》神社」のこと。『元伊勢籠神社御由緒略記』（籠神社、二〇一六年改訂）には、「神代の昔といわれる遠い上代から、今の奥宮の地・真名井原に匏宮（ヨサノミヤ）と申して、豊受大神が御鎮座になっていたが、人皇一〇代崇神天皇御代三九年（BC五九年・皇紀六〇二年）三月三日に、天照皇大神が大和国笠縫邑から御遷座になり、豊受大神と共にお祭り申し上げた。呼称は匏宮と申したが、後にこれを与佐宮又は吉左宮・与謝宮とも申した。ヨサはアメノヨサツラの意であり、ヨサツラとは〝ひさご〟の事である。これは最高神に天の真名井の水を捧げる神聖な器であった（後略）」とある。

（3）宮域周辺にある高佐山、日鷲山、賀利佐我峰、佐貫山、音無山などで構成される山域を総称して「高倉山」と呼ばれている。標高は一一七メートル。

暮らしの近さを強く感じる時間であった。

質素な造りの最後の鳥居をくぐるとすぐに社殿があり、ちょうど結婚式が行われていた。あまりのタイミングに思わず「おめでとうございます！　写真を撮ってもいいですか?」と声をかけ、数枚の写真を撮らせてもらうことができた。のちに連絡先を交換し、写真を差し上げることができた。

第3章の「ざっくりと日本神話」のところで簡単に説明したが、ニニギノミコトの天孫降臨の際に道案内をした地上の神サルタヒコと、その際に出会ったアメノウズメは、ニニギの命によって降臨後に結婚している。そのとき、あたりにあった切り出したばかりの荒木で宮居を建てているが、それがこの荒立神社の発祥とされている。

降臨のときに道案内役をしたことからサルタヒコは「道開きの神様」として交通安全に縁結び、そのほか商

興梠木の里・荒立神社

縁結びの神様のもとで挙式

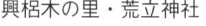

売繁盛、長寿、七福徳の守り神として全国の人々からあつく信仰されている。一方アメノウズメは、岩戸開きの際に舞を披露したことから「芸能の神」として信仰されており、全国から芸能人が多数訪れているという。

境内は決して広くないが、「七福徳寿板木」と書かれた木の板と小槌などが掛けられており、木の温もりが感じられる。この板木には、「心を込めて力強く七回打つと、サルタヒコ様はじめ、八百万の神々の恩恵を受け取ることができる」と書いてあった。もちろん、心を強く込めて、七回しっかりと打ちつけた。

社殿の裏へ回ってみると、神棓木山《かむろぎ》のなかに遊歩道が延びていた。あちこちにハンモックや動物の形をした木が掛けられていて、ちょっとしたフィールドアスレチックのような遊び感覚で叩いていった。

この鎮座地は、古くから「興梠木の里」と言われ、土着の豪族・興梠山の氏の先祖神として祀られているそうなので、村の鎮守の神様といった雰囲気なのかもしれない。また、「興梠」とは高千穂独特の姓であり、現在宮司を務めている人の姓も興梠となっている。

幸せな未来を願って打つ板木

高千穂峡コース（九州オルレの前半）

九州各地に「オルレ」と呼ばれるトレッキングコースが多数ある。「オルレ」とは韓国の済州島からはじまったもので、「通りから家に通じる狭い路地」という意味である。済州島でトレッキングをする人が増え、今ではトレッキングコースの総称として呼ばれるようになり、韓国においてとくに親しまれている。イギリスで発祥した「フットパス」と似たような位置づけとなり、海や山など自然の中をゆっくりと楽しみながら歩いていくことを提唱している。ちなみに、フットパスとは、森林や田園地帯、古い街並みなど、ありのままの風景を楽しむ道のことである（一一三ページのコラムも参照）。

「九州オルレ」は、その姉妹版として二〇一二年に九州各地の魅力的コースを開発し、国内外にアピールをしているトレッキングコースである。そのなかの一つとして「高千穂コース」がある。実際に歩いてめぐってみたところ、名所や旧跡が点在し、一日で回ってしまうのがもったいない

ぐらいである。それが理由で、時間をたっぷりかけて歩いてみることにした。

街中に残る鬼伝説――ミケイリの鬼八《きはち》退治伝説

高千穂町の中心部にある「まちなか案内所」を出発し、高千穂神社方面へと南西に向かう。槵觸神社とは逆方向である。

お店や旅館が立ち並ぶ片側一車線の道路を下っていくと、オルレコースの目印である青と赤のリボンが見えてきた。そこを右へ曲がる。見えると言っても、注意していないと見落としてしまいそうだ。リボンのほかに矢印となった看板もあるので、見過ごさないように気を付けながら民家のなかを抜けていく。電柱などについているだけではなく、民家の軒先や垣根にも結ばれているので、地域全体が協力していることが伝わってくる。古民家を改装した雑貨カフェもあり、立ち寄りたいとも思ったが、スタートしたばかりなので先に進むことにした。

ほどなく行くと、高千穂町に伝わる鬼八伝説の一つである「鬼八塚」が見えてきた。鬼八伝説は「記紀神話」のなかには出てこ

手づくり感あふれる雑貨カフェ

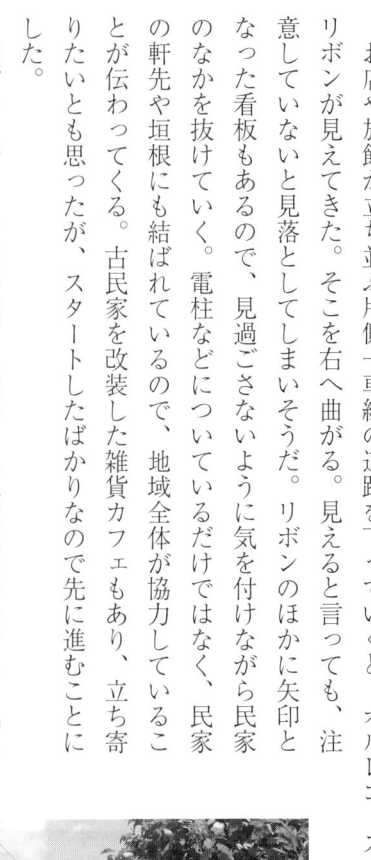

ないが、神話とも絡む興味深い話である。ここで、簡単に紹介することにしよう。

イハレビコ（神武天皇）の東征の際、『古事記』では長兄イツセと末弟イハレビコが熊野へ向けて出立し、二男イナヒと三男ミケヌ（『日本書紀』ではミケイリ）はそれぞれ違うところに旅立ったとされている。ところが、『日本書紀』では四兄弟ともに東征へと出掛け、イナヒとミケヌが旅立ったのは熊野上陸の寸前だったと伝えられている。

果たして、四兄弟で熊野を目指したのだろうか？　それとも二兄弟だけだったのか？　いずれにしても、無事に熊野へたどり着いたのはイハレビコ一人だけであり、ミケイリは常世の国に渡ったとある。

しかし、高千穂郷では、ミケイリは高千穂に戻り、「鬼八」という暴れ鬼を征伐したという伝説が伝わっている。鬼八は二上山（一〇八二メートル）の乳ヶ窟に住む暴れ鬼で、この地を支配し、祖母岳明神の娘ウノメヒメをさらって自分の妻にしていた。あるとき、五ヶ瀬川のほとりを歩いていたミケイリは、悲しみにくれている美しいウノメヒメと出会った。

「お美しいあなた、どうしてそんなに悲しんでいらっしゃるのですか？」

「私はウノメヒメと申します。恐ろしい鬼にさらわれてしまいました」

ウメノヒメの美しさに魅了され、不憫に思ったミケイリは、決心したように話しかけた。

「分かりました。私が鬼八を退治し、必ずあなたを救い出しましょう」

恋がはじまった瞬間である。

早速、ミケイリは家来を引き連れ鬼八退治へと繰り出すことにした。作戦を練り、二上山まで鬼八を追い詰めてバッサリと斬りつけたが、魔力をもっている鬼八には効果がない。一夜で体が元に戻り、生き返ってしまうのだ。

さすがのミケイリも一瞬ひるむが、

「おのれ、鬼八め！　今度は息の根を止めてやる」

と大声で叫びながら、再び鬼八を斬りつけ、体を頭と胴体と手足の三つに切り離して別々に埋めた。さすがの鬼八も二度と息を吹き返すことがなく、高千穂に平穏な日々が戻ったとされている。

しかし、時折、鬼八の霊が早霜を降らせて里人を困らせることから「慰霊祭」を行うようになり、それが高千穂神社の「ししかけ（猪掛）祭り」のはじまりと言われている。

三つ叉路の真ん中に佇む「鬼八の首塚」

現在は祭壇にイノシシを丸ごと一頭捧げているそうだが、かつては一六歳の若い女性を生《い》け贄《にえ》にしていたという。

もちろん、ミケイリの恋は成就し、ウノメヒメを妻として迎え、八人の子どもをもうけている。この子ども八柱とミケイリ夫婦が、高千穂神社に祀られる十社大明神である。

「鬼八塚」は鬼八の首を埋めた塚のことで、「首塚」とも言われている。近くには「胴塚」、少し離れたところに「手足塚」もある。後ろ側から回り込むので分かりづらいが、道の真ん中の、こんもりとした木が茂る場所なので妙な違和感がある。

高千穂郷八十八社の総社「高千穂神社」

再び車道に戻ると、交差点の先に立派な鳥居が見えてきた。日本神話の「日向三代」（六八ページ参照）とその配偶者、そして十社大明神を御祭神とする「高千穂神社」だ。さすがに古くから「高千穂郷八十八社」の総社として崇められてきただけのことがある。堂々とした存在感である。しかし、有名な神社だけあって駐車場は大きいし、車の往来が激しい交差点にあるので、厳かな雰囲気とはかけ離れているところが少し残念である。

鳥居で一礼し、一歩中へ入ると、どこからか風が吹き、サーッと私の身体をなでた。「静と動」という言葉が身体に響いてくる。

正面の階段を上りきると目の前に社殿があり、あたりには根元がつながった夫婦杉や、源頼朝公（一一四七～一一九九）にゆかりのある秩父杉などをはじめとして巨木が点在している。この夫婦杉の周りを大好きな人と手をつないで三回回ると幸せになるといわれているが、私は一人でお参りをすませ、本殿を見に行くことにした。

拝殿の横に「お祓い用人形」という箱があった。何かと思ってのぞいてみると、人の形に切った白い紙が置いてある。これは身代わりの人形で、この人形に住所と名前を記入し、息を三回吹きかけて罪や穢《けが》れを移すそうだ。自分の穢れを考えると初穂料の二〇〇円は決して高くないと思い、早速記入し、身代わりをお願いした。

夜には観光神楽でにぎわう高千穂神社

時計回りがオススメの夫婦杉

高千穂峡コースのルート

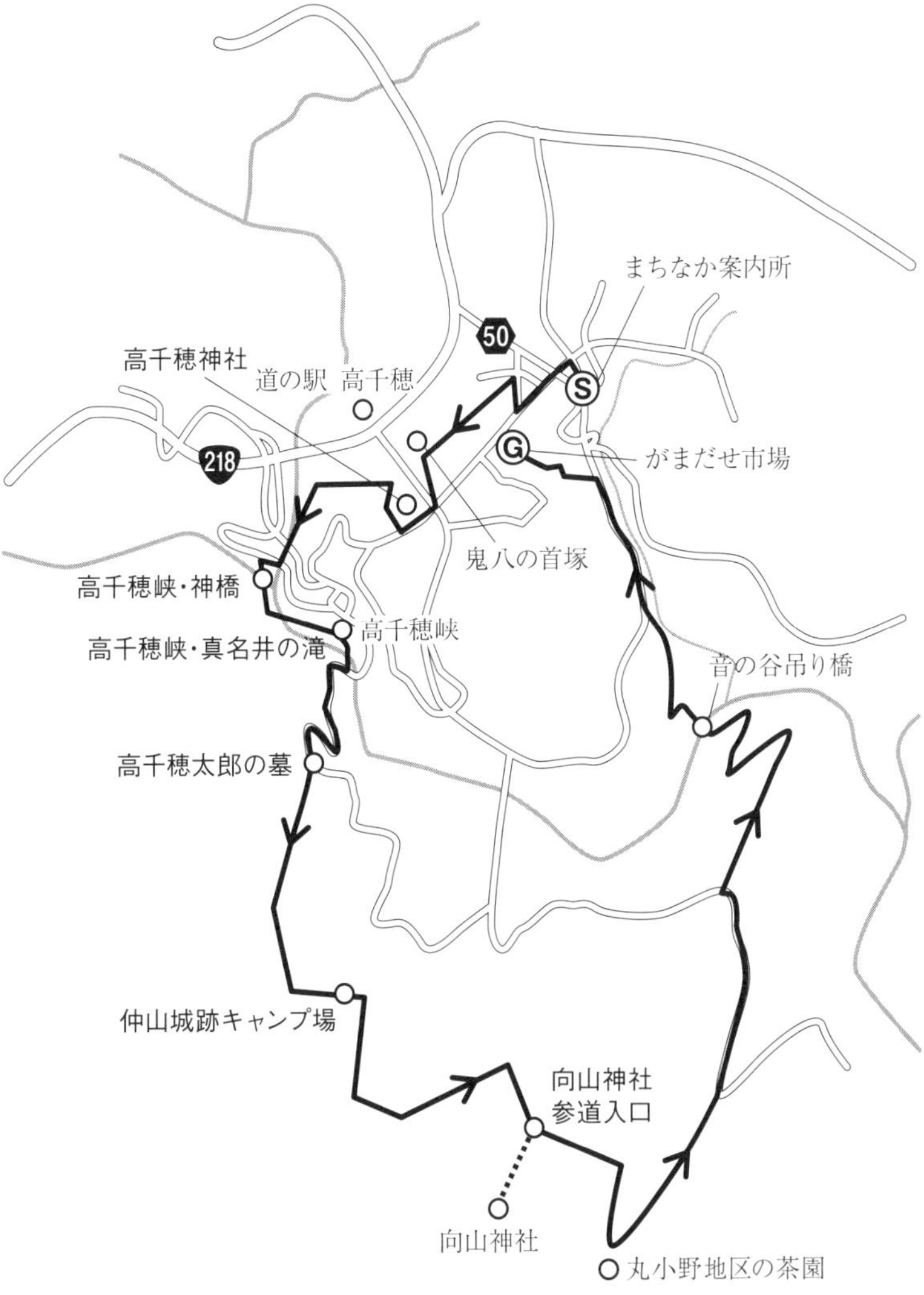

高千穂神社の創建は約一九〇〇年前の垂仁《すいにん》天皇（第一一代）の時代といわれ、本殿は一七七八年に再建され、国の重要文化財となっている。社殿の大きさもさることながら、長い年月のさまざまな出来事を見てきたであろうその佇まいは威風堂々としている。古くは拝殿がなかったそうで、本殿の前に当時の狛犬が残っているのも興味深い。そのほか、源頼朝が天下泰平祈願のために奉納したと伝わる鉄製鋳造の狛犬一体も重要文化財として指定されている。

本殿に向かって右側の袖には、鬼八を退治するミケイリの立派な彫刻が施されている。ちょうど鬼八伝説に触れたばかりなので、今にも動き出しそうな錯覚に陥った。それにしても、鬼八よりミケイリの顔のほうが鬼みたいに感じてしまったのは私だけだろうか。

ひときわ目立つミケイリの彫刻

静寂の森を抜けて高千穂峡へ

境内を抜け裏手に回ると遊歩道の入り口があり、その道が「高千穂峡」へと続いている。

高千穂峡の成り立ちは、はるか以前の阿蘇山の火山活動による。四回の噴火によって火砕流が五ヶ瀬川沿いに流れ下り、それが急激に冷え固まって柱状節理《ちゅうじょうせつり》ができ、その後五ヶ瀬川の侵食で断崖となった渓谷である。高さは平均八〇メートル、高いところでは一〇〇メートルもの深い渓谷が東西にわたって約七キロメートルも続いており、国の名勝・天然記念物に指定されている。

歩きはじめると、すぐに「俳人・種田山頭火の歌碑」がある。

分け入っても　分け入っても　青い山

俳句の心得がない私だが、「分け入っても」という言葉が心に深く響いてきた。

針葉樹のツンとした香りに気分よく歩みを進めていくと、急な階段が現れた。身体を真下に向けていられず、横に向けて、踏み外さないように慎重に下りていく。途中で「九州自然歩道」というコースに合流するが、急なためか、ここまで歩いている人にはまったく出会わなかった。渓谷から吹く風に木々が揺らめき、ミラーボールのようにキラキラと照らす光の陰影が歩道を独り占めしている。

「歩かないなんてもったいないなぁ」とつぶやきながら、そのまま遊歩道をしばらく進んでいくと車道と合流し、石造りのアーチ橋があるところに出た。石柱や欄干が苔に覆われ、緑あふれる木々に溶け込んでいる。この橋は「神橋《しんばし》」と名付けられており、大正時代は木橋だったそうだが、水害で流され、一九四七（昭和二二）年に現在の石橋に生まれ変わっている。

橋の真ん中あたりから下を流れる五ヶ瀬川を見下ろすと、ゴツゴツした柱状節理の造形に囲まれた深い渓谷美が広がっていた。切り立った渓谷の下を流れる五ヶ瀬川の川幅は、このあたりではかなり狭い。そのためか、川の流れが急になり、右に左に形を変えながら岩肌を削っている。増水時などは危険なために通行禁止になる場合もあるようだが、台風など雨の多い時期は気を付けなければならない。

神橋を渡ると高千穂峡の遊歩道に合流する階段があり、そこを下りて遊歩道に入っていく。このあたりは「九州オルレ」や「自然歩道」、「高千穂峡・遊歩道」などといった名称が混在しているため地図を見ていると混乱するが、「この道を歩く」と決めずに、「真名井の滝を目指そう」と思っていたほうがよさそうだ。

石造りのアーチが美しい神橋

柱状節理沿いを歩いていく

五ヶ瀬川を左手に見ながらしばらく進んで振り返ると、先ほど渡った「神橋」とともに、「高千穂大橋（鉄橋）」と「神都高千穂大橋（コンクリート橋）」の三つの橋が望める。一つの渓谷に三種類のアーチ橋が架かっているのだが、こんな光景を見ていると、時代の流れとともに暮らしの発展が感じられてしまった。

渓谷美が美しい高千穂峡

高千穂峡観光の中心地に近づいてくると、大勢の観光客とすれ違いはじめた。アジア系の外国人が多いのだが、日本人観光客も多く、若いカップルも仲良さそうに歩いている。悠久の歴史に浸るという雰囲気ではないが、名所スポットが点在していてなかなか面白い。そんなスポットを紹介していこう。

槍飛橋——一五九四年、延岡領主高橋元種（一五七一〜一六一四）に仲山城が攻められた際、家来たちはこの地まで逃げ延びてきた。しかし、橋がないので、槍の柄をついて川を飛び越えたことからこのように名付けられたそうだ。

五ヶ瀬川のなかでもっとも川幅の狭いところとなる。橋の上から覗き、槍を突いて飛ぶイメージをしてみたが、とても飛ぶ気持ちにはなれない。しかし、切羽詰まるととんでもない力を人間は出すようだ。ちなみに、川の手前側に槍をついた人は飛べたが、向こう側についた人は飛べずに転落したという。想像してみて欲しい。

鬼八《きはち》の力石――鬼八伝説（七七ページ参照）のところで紹介したように、鬼八とミケイリが戦った際、鬼八が片手でミケイリに投げ、力自慢をした石と伝えられている。この鬼八だが、高千穂だけでなく阿蘇地方にも伝説が残っている。阿蘇のタケイワタツノミコトの家来で、「金八法師」という名前であったそうだ。足がとても速く、ミコトが射った矢を取ってくるのが役目だった。しかし疲れてきた金八は、一〇〇回目の矢を足の指で掴んで投げ返したという。それに怒ったミコトが、金八を高千穂まで追いかけて殺したと伝わっている。

しかし、高千穂では「逃げてきた」と伝わっており、少々話が違っている。逃げてきた金八は「鬼八」となり、ウノメヒメを娶ったのだろうか？　それともまったく別の人物なのだろうか？　いずれにしても、どちらも大切に守り続けられている伝説であるということだけは確かである。

この石の重さは推定二〇〇トンとも言われていて、大きな注連縄《しめなわ》が掛けられている。毎年、年末に高千穂峡内の安全と繁栄を願い、注連縄の張り替えが行われている。

七つが池――五ヶ瀬川のほとりを歩いていたミケイリが、ウノメヒメに出会って一目惚れした場所と言われている。昔、七つの穴がつながって池になったそうで、竜神が棲んでいたとも伝えられている。遊歩道の下の茂みのなかにあることと、ちょうど前方に「真名井の滝」が見えてくるので見落としがちとなる。実際、私も滝に見とれていたら行き過ぎてしまった。

おのころ池・おのころ島――イザナキとイザナミがもつ「天《あめ》沼矛《のぬぼこ》」の先から落ちた滴が固まってできたとされるのが「おのころ島」だ。池の中には、島に仕立てた小さな祠があり、かつては神社があった。高千穂神社の春祭では、お神輿が三回島の周りを回って禊が行われている。

玉垂れの滝・月形――おのころ池の背後にそそり立つ柱状節理の岩肌から流れ出る湧水が「玉垂れの滝」だ。苔むした岩肌から流れ落ちる幾筋もの清水はとても美しく、一説によると「天真名井《あめのまない》」の水が滝となって流れていると言われている。

現存する月形。江戸末期に日形は崩落したと伝わる

滝の上部にある半月の形をしたのが「月形」である。天の岩戸神話で悪さをしたスサノオが、お詫びの証として造ったと言われている。その際、アマテラスを日の光る太陽として「日形」を彫り、自分の光は月の半分もないからと三日月を掘ったあと、高天原《たかあまはら》を去って出雲へ行ったと伝えられている。

湧きいでる豊富な水

高千穂峡と言えば、やはり「真名井の滝」が有名だろう。「日本の滝百選」にも選ばれている景観は、夏には緑濃い木々が生茂り、秋には色とりどりの紅葉など、四季を通じて見事な景観で観光客を喜ばせている。また、玉垂れの滝に伝わってきた天真名井の湧水は、最後に真名井の滝から五ヶ瀬川に流れ落ちているとも伝えられている。

このコースのなかで一番印象深かったのは、渓谷の岩肌から染み出ている豊富な水であった。真名井の滝や玉垂れの滝

落差17メートル！　豪快に流れ落ちる「真名井の滝」

以外にも、あちらこちらから水が湧き出しており、五ヶ瀬川へと流れ込んでいる。

真名井の滝の近くには、目立たないようにひっそりと佇む小さな神社があった。観光客の往来が激しい場所にあるというのに、立ち寄る人はほとんどいない。「久太郎水神社《きゅうたろうすいじんじゃ》」と呼ばれるこの神社は、五ヶ瀬川流域の五つの瀬を守る水神様の中心として祀られている。

全長一六〇キロメートル、この間に六七もの支流が注ぎ込んで豊富な水を運ぶ五ヶ瀬川は、県北最大の河川である。その十分な水量から、水力発電や農業用水として地域を支える一方で、大型のアユが釣れるなど水質の高さがうかがわれる。

吹き出すように湧き出る清水

そして、この川の源流は、「神話をめぐる旅」の出発点ともいえる五ヶ瀬スキー場がある向坂山《むこうざかやま》なのである。山の伏流水が小さな流れになり、そこに神話の舞台を彩る湧水が流れ込み、たおやかな川をつくり出している。地域を支える大きな川は、小さな水神様に守られていた。

里山コース（九州オルレの後半）

歴史が色濃く残る対岸へ

真名井の滝がある高千穂峡の中心部から歩き出す。お土産店や食堂などがある中心から御橋を渡り、急な車道を上っていく。五ヶ瀬川を挟んで、高千穂神社側と反対の崖を登っていく道、先ほどの喧騒とはまったく打って変わり、人影がない。

つづら折りの坂道をしばらく上っていくと二叉となり、左側を上がっていく。時折不安になるが、要所要所にはオルレの赤と青のサインがあるので心配はない。ただ、コースの全体像はきちんと押えておき、上るのか下るのかなどの基本的なことは事前に調べておいたほうがいいだろう。また、サインにはリボンや木製の矢印など複数あるので、こちらも調べておくとなおよさそうだ。

上が青、下が赤のサイン

300メートルほど登ると太郎の墓がある

そのままどんどん上がっていくと、右手に「高千穂太郎の墓」と書かれた案内看板が出てきた。その横には、切り出したままの木で建てた古めかしい鳥居がある。長い年月、風雨にさらされたのだろう。消えそうな文字で「高千穂太郎　三田井氏　奥津城」と書かれていた。

高千穂郷は、神武天皇の兄であり、鬼八《きはち》を退治したミケイリの子孫である三田井《みたい》氏が治めていた。あるとき、その家系が途絶えてしまい、豊後の国の領主、大神《おおが》大太《だいた》惟基《これもと》の長男である太郎政次を養子に迎え、代々「高千穂太郎」を名乗ったと言われている。しかし、戦国時代の末期、豊臣秀吉（一五三七～一五九八）の九州平定の国割りによって、延岡の城主である高橋九郎元種《もとたね》の支配地とされる。三田井氏は不服として反抗するが、一五九四年に元種によって滅ぼされてしまう（八六ページの「槍飛橋」を参照）。

鳥居をくぐると、山の上へ向かって未舗装の道が続いていた。少し小高くなった場所まで登ると、その先は陽の光を受け、黄緑色に輝いた竹林が広がっていた。緑の濃さが一気に変わる。通り過ぎてしまうのがもったいないと思い、理由もなく行ったり来たりを繰り

整備された竹林の道

返してしまった。

少し開けた場所に着くと、そこには「高千穂太郎の墓」をはじめとして、いくつかの史跡があった。高千穂太郎の墓は、初代政次の墓として今も地域の方々によって大切に守られている。また、公園としても整備されているようで、雑木林が立ち並んだ里山といった雰囲気である。少し奥に入ると、大きな鉄籠の中にドシャドシャと粉を巻いている男性がいた。

「何をやっているのですか?」と、思わず声をかけてみた。

「イノシシを捕まえる仕掛けたい。ほれ、これ見て。ここに猪の毛がひっついちょるじゃろが」と、籠を指差した。

近づいてじっくり見ると、剛毛が絡みついている。捕われたイノシシの暴れっぷりが目に浮かんだ。

「あんたはどっから来らしたつの?」

「東京からなんですが、九州オルレというコースを歩いていて……」

イノシシを捕まえるための仕掛けをする男性

と話が弾み、それなら、この先にある「向山神社《むこうやま》」には絶対行ったほうがいいというアドバイスをもらった。九州オルレのコースにはオプションとして「向山神社」が入っているのだが、実のところ、距離もありそうなので行くべきかどうしようかと迷っていたのだ。地元の人が言うなら絶対行くべき、ということを持論にしている私は、もちろん即決することにした。

時代に翻弄された仲山城

その前に、もう一か所見どころがある。それは「仲山城跡」である。

太郎政次を養子として迎えた三田井《みたい》家は、どうにかお家滅亡という危機を免れた。そして、一四世紀になると本家が再び「三田井」という姓に戻り、仲山城を高千穂四八塁（小城）の本城として郷内を治めていたが、高橋元種に滅ぼされた際に落城し、六百数十年続いた三田井氏は滅亡してしまう。

仲山城跡のブランコに座り、町を見渡す

お家存続の危機を乗り越えながら、長きにわたって里を治め、理想郷を築き上げてきた三田井家の最後の城主は親武《ちかたけ》。元種に寝返った家臣の裏切りによって非業の死を遂げてしまった。

城跡へ着くと、そこはキャンプ場として現在使われており、陽がサンサンとあたり、青々とした芝生に包まれていた。城跡だけに、遠くまでつながる山並みと高千穂の町が一望できる。ちょうどお昼時だったので、キャンプ場を管理している人々が芝生に腰を下ろして寛いでいた。私も近くに座り、移り変わる時代に思いを馳せながら、お弁当をモリモリ食べることにした。

圧倒的な存在感のある熊野権現——向山《むこうやま》神社

お腹を満たしたあと、「向山神社」へ向けて出発した。キャンプ場を出るとすぐに集落があり、段々畑が点在している。訪れたのがちょうど初秋だったので、田んぼには黄金色に輝

軒下に猫が集まる初秋の集落

く穂が頭を垂れ、その横で猫が気持ちよさそうにアクビをしていた。のどかな風景のなか、向山神社への案内板を頼りに歩いていく道は少し高台にあるので、遠くに阿蘇山を望むことができた。

向山神社に着くと、なんだろう、時が止まったような錯覚に陥った。日の光を浴び、緑や黄色が輝く風景から急にモノトーンの世界に変わったからかもしれない。

参道の入り口には「熊野権現」と書かれた石碑があり、高千穂にある多くの神社と少し様子が違う。ご由緒によると、御祭神はイザナキ、イザナミをはじめとしてアマテラスやスサノオなど、そうそうたる顔ぶれとなっていたが、創建は不詳とのこと。古文書には「紀州熊野から勧請」とあり、「熊野十二社大権現」と言われていたそうだ。また、向山村の大社として三田井《みたい》家の崇高があつく、三田井親武が再建したと伝えられている。

仁王像に守られた参道が500メートル続く

針葉樹に囲まれた参道に入ると、両脇に仁王像が立ちはだかっていた。悪いことをしているわけではないのに、その横を通るときは審判が下されているように感じてしまう。

至る所にクネクネと伸びている木の根っこ

は、今にも動き出して、足に絡みついてきそうな感じがする。気を付けながら横を通り過ぎると、その先にはたくさんの灯篭が立ち並んでいた。灯籠の上には猿や七福神が乗っており、高千穂地方ではあまり見かけない珍しい灯籠という。誰もいないはずなのに、常に誰かに監視されているような気分になる。

高くそびえた杉に囲まれた階段を上がると、こぢんまりとした境内に質素な造りの社殿があった。創建が不詳というくらいだから、かなり古いものなのであろうが、なぜかゆっくり見ようという気持ちにならず、お参りを済ませて早々に引き揚げることにした。モノトーンの世界から、一刻も早く日の光のもとへと戻りたかった。絡みつきそうな木の根っこに足を取られないよう、胸のざわつきを抑えながら急ぎ神社を後にした。

おばあちゃんの優しさがあふれる丸小野地区

参道の入り口まで戻り、あたりを注意深く観察していると、再び青と赤の九州オルレのサインを見つけた。ここからは、集落ではなく未舗装の森の中を抜けていくことになる。

すぐに目の前が開け、きれいに整備された茶畑の集落「丸小野地区」に到着した。今まであまりお茶畑を見たことがなかったので、深碧《しんぺき》に色づいたお茶の葉がお行儀よく並んでいる姿に目が釘付けになった。日本人としての気質を感じ取る瞬間である。

丸小野地区では、釜で茶葉を炒るという、国内でも珍しい「釜炒り茶」をつくっている。そのままお茶畑を横に見ながら下っていくと、すぐに民家が出てきた。まるで家の裏庭から民家の横を抜けていくような道だ。

（ここでよいのだろうか？）と思いながら通ると、「おトイレご自由にどうぞ」という看板があった。オルレを歩く人向けに開放してくれているようだ。山の中ならともかく、民家が点在するなかを歩くときはトイレという問題があるので、ありがたい。

（一応お断りを）と思ったが、あたりに人気が感じられないので無断で使用させていただくことにした。このようなホスピタリティ、本当に素晴らしい。身支度を整え、また歩き出そうとしたとき、ガラッとドアが開いて中から年配の

美しいお茶畑の横を通り集落へ

女性が出てきた。突然だったのでビックリしていると、「あらぁアンタァは、歩いてきたつの?」と優しい笑顔で話しかけられた。

「まぁまぁご苦労さんじゃったのぉ。おなご一人でそれはひんだれた（疲れた）じゃろ。明日はよ孫の運動会で、丁度今おはぎをつくったき、持っていきない」

と、握ったばかりの熱々のおはぎを渡してくれた。しかも、栗のおはぎ。人生初の栗おはぎに感動しながら、何回もお礼を言って先へと進むことにした。

ここからは、所狭しと並んでいる段々茶畑を抜け、少しずつ下っていくことになる。次に目指すのは、五ヶ瀬川に架かっている「音の谷吊橋」だ。

しばらくは舗装路が続くが、五ヶ瀬川まで下りていくジグザグ道はなかなかの「下りごたえ」であった。その途中、渓谷の崖から轟々と流れ出す大きな滝も見え、ここでもまた豊富な水を体感することができた。

吊り橋というので、どんなものだろうかと少し不安もあったが、鉄製の立派な吊り橋で、少し拍子抜けした。それよりも、橋の先に立ちはだかる崖をま

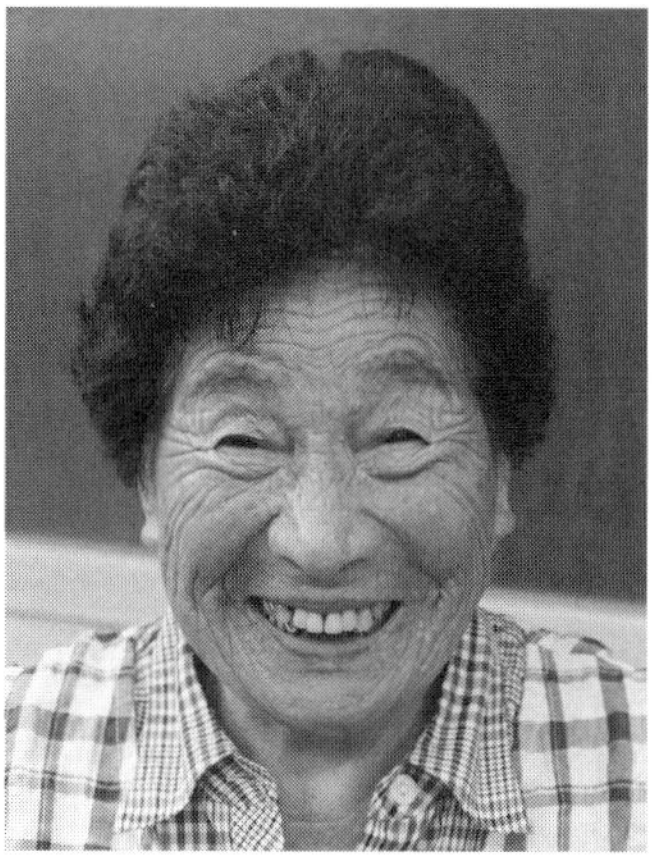

丸小野のおばあちゃん

た登るのかと思うと、ついため息が出てしまった。

「辛いなぁ」とか「キツイなぁ」と思うとき、私はあまり考えないようにしている。どちらかというと「無」になって、足を前に出すことだけを繰り返すという感じである。ただ、ご褒美をぶら下げておくことは大切なので、登り切ったら栗おはぎをいただくことにした。美味しかったのは言うまでもない。

あちこち寄り道をしながら、町の人とも会話をし、ゆっくり歩みを進めたので、ゴールとなっている町の案内所に着いたときは薄暗くなっていた。しかし、高千穂の里山の温かさに、心は明るく満ちあふれていた。

天岩戸コース

高千穂町の中心部から七キロメートルほど東に行くと「天岩戸神社」がある。スサノオの乱暴ぶりに堪忍袋の尾が切れ、アマテラスがお隠れになった天岩戸をお祀りしている神社だ。東西二つの神社があり、五ヶ瀬川の支流である岩戸川を隔てた対岸に鎮座している。このときは東本宮から出発することにした。

静寂に包まれた東本宮

東本宮は、岩戸から出てきたアマテラスが最初に鎮座された地と伝わり、御祭神としてお祀りされている。天岩戸（洞窟）を御神体としてお祀りしている西本宮に比べると格段に観光客が少なく、とても同じ神社だと思えない。

静寂のなか、鳥居をくぐって石段を上っていると、なぜか誰かに見られているような気がして、振り返ってみた。すると、鳥居の向こうにきれいな三角形をした「天香具山」が見えた。いや、見えたというより見られていた。まるで私の一挙手一投足を見られているようで、思わずゾクッとした。

この天香具山は、岩戸神話と関係の深い山である。アマテラスが岩戸に隠れたときにお祭りを開くというくだりがあるが、その際、お祭りの中心として飾った聖なる木の榊《さかき》は、天香具山から抜いてきたものと伝わっている。

そのまま長い石段を上っていくと、両側に立派な榊を携えた拝殿が現れた。高千穂神社や槵觸《くしふる》神社のような巨木に守ら

天香具山

れている感じはしないが、神様ととても近い感覚がしてくる。

お参りをすませて拝殿の裏手に回ると、杉の木の根元から湧いている「御神水」があった。覗いてみると少し濁っていたので、残念ながら遠慮して、その奥に続いている遊歩道へと進むことにした。

三〇メートルほど行った先には、「七本杉」という根元がつながった御神木がある。しかし、数えてみると九本だった。あとで聞いてみると、向かって右側の七本がつながっているということであった。

七本杉の奥はずっと森が続いているが、立ち入り禁止となっている。西本宮が対岸にあるので、この先にアマテラスがお隠れになった洞窟があり、「神域」とされているために誰も行くことはできない。木々の合間から目を凝らしてみたが、見ることも気配を感じることもかなわなかった。

100段ほど上ると拝殿に到着

崖ギリギリに立つ七本杉

土地とつながる町中歩き

境内へと戻って石段を下っていくと、途中で旧岩戸環道が交差していた。どちらかと言ったら、往還の途中に参道が通っている感じである。左に折れ、「八大龍王水神」を目指すことにした。

先ほど目にした天香具山を右手に眺めながら、畑や田んぼのなかに民家が点在する道を進んでいく。距離感が今ひとつ分からずに歩いていたので、（いやに遠いなー）と思っていたら、畑仕事をしている年配の男性がいたのですぐに声をかけて尋ねると、

「もうちっと先のバス停を曲がんないよ。見落とすとぼくばい（大変だよ）」

と、親切に教えてくれた。

とにかく、高千穂の人はみなさん親切で話し好きだ。「昔はね……」なんてキッカケからいろんなことを教えてくれる。時には違う話にまで発展するので、話の腰を折らないように丁寧にお礼を言い、目的地へと向かう。とはいえ、その土地へ出向かないと分からないことがいっぱいある。恥ずかしがらずに、どんどん尋ねるべきである。

教えてもらったとおり「竜王入口」というバス停があり、そこが目印となる。二叉を左へと進んでいくと、その先に鳥居があったが、奥まっているので見つけづらい。

この二股を右に行くと、その道は「天の古道」とつながっていて、高千穂町の東側に隣接する日之影町まで続いている。この道は、昭和三〇年代まで使われていた峠越えをする生活道で、現

在は登山道（全長一〇キロメートル）として復元されているという。また、一八七七年の西南戦争のときには、官軍に敗れた西郷隆盛（一八二八〜一八七七）もこの峠を越えているという。「西郷さんも越えた湾洞峠《わんずうとうげ》」として有名だ。

第1章で紹介したガイドの高藤さんによると、西郷さんの敗走路として「天の古道」が有名だが、実際は、ここに来るまでに高千穂町を越えてきているので、あちらこちらに敗走路があるという。その際、住民も巻き込んでの激しい戦いがあったとも言っていた。

目的地である「八大龍王水神」の歴史も相当古く、一説によると、一三〇〇年以上前には水神様として祀られていたと伝承されている。水神様なので、雨乞いや水害など、自然にかかわることに関してご利益があるとされている。また、商売繁盛や勝負運を願う人々も多く、スポーツ選手の参拝も多いらしい。

龍神さまのお作法

立派な鳥居を抜け、参道をしばらく進むと、鉄柱に支えられた巨木が目に飛び込んできた。境内への入り口を守る御神木の榎だ。ちょうど葉が黄金色に色づいていたからだろうか、まるでドラゴンが口を開けて悪心をもつ者を食べてしまいそうな、言葉を失うほどの存在感である。

ドキドキしながら巨木から伸びた、まるで鳥居のような枝をくぐって足を踏み入れた。こぢんまりとした境内のなかは、所狭しと木や枝が伸びており、その間を縫うように本堂が正面にある。

するると、一組の老夫婦が境内に入ってきた。地元の人のようで、御神木の榎の根元を撫でている。その根は、まるでその土地を守るかのように方々に広がり、木肌は年齢を重ねた象の足のようである。撫でながら願いを込めると叶うという言い伝えがあり、多くの人が触っているようで黒々としていた。ゆっくりと近づき、そっと木肌に触れると、ツルツルとした滑らかな感触が手のひらを通じて身体に伝わってきた。

このご夫婦は、その後、慣れたように本堂へとお参りに向かった。しばらく見ていると、手に持っていたビニール袋からガサゴソと卵のパックを取り出した。本堂にはプラスチックの箱が置かれていて、その中に卵を入れている。その後、ロウソクに火をつけてお参りをすませると、あっという間に立ち去っていった。動きがスムーズで格好よく、思わず見とれてしまった。

樹齢500年といわれる榎

本堂に近づいて箱を見てみると、中には卵がぎっしりと詰まっていた。あとで分かったことだが、龍神様は卵とお酒とお線香が好きなので、お供えすることが必須になっているそうだ。予備知識なく行ってしまったことに後悔した。

境内には「御神水」と書かれた井戸があった。井戸の横に置いてあるバケツで汲んでみると、透明で清らかな水だ。口に含むと、トロリした甘味が広がった。井戸なので流れ出てくるわけではないが、さすがに水神様だけのことがある。しかし、この井戸は新しいもので、古来の井戸は参道の途中に祀られていたという。現在、その井戸が使われているのかどうかは知らないが、枯れたことがないと聞いた。

水神様を後にして再び東本宮方面へ戻り、「天岩戸神社・西本宮」へ向かうことにした。

いよいよ天岩戸の参拝へ

東本宮から西本宮へ行くには、岩戸川に架かっている天岩戸橋を渡ることになる。岩戸橋の欄干には、神楽の舞いをする人形が飾られていた。ちょうど塗り替えをしているところに遭遇したので尋ねてみると、「風雨に晒されているため色落ちするので、たびたび塗り替えている」と言う。地元の人のこういった努力があって、観光は成り立っている。

橋を渡ってすぐに右へ曲がると、お店が数軒立ち並ぶ商店街らしき道になる。お店の前に置いてあるベンチでおばあちゃんたちが楽しそうにおしゃべりしている姿を見ながら進むと、すぐに西本宮に到着した。

西本宮には観光バスと多くの観光客がいて、ワサワサしていた。急に別世界へ来たような感覚に陥った。何と言えばいいのか、過去から現代にタイムスリップしたような感じである。かつて、大好きで何回も観た『バックトゥ・ザ・フューチャー』という映画を思い出してしまった。

正面の鳥居には大きな注連縄《しめなわ》がかかっていた。右側から七、五、三本の藁の束が下がっていて、高千穂では注連縄を「七五三縄」とも書くという。この藁の束は神様を表している。「七」は日本神話で天地開闢《てんちかいびゃく》のとき初めに現れた七代の神様で、「神代七代《かみよななよ》」とも言われている。「五」は神代七代に続き、神武天皇以前に日本を治めた五柱の神様を意味し、アマテラスもそのうちの一柱である。そして、「三」は「日向三代」のことである。

「七五三」という奇数は縁起がよく、代表的なものとして、みなさんもよくご存じの「七五三のお祝い」がある。そういえば、結婚式でわたすご祝儀は決して偶数にしない。偶数には「分かれる」という意味

アーティストらによって塗り替えられる人形

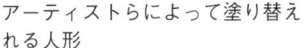

合いがあるからだ。思い返すと、高千穂神社や荒立神社の拝殿にも同じ七五三縄がかかっていた。

鳥居をくぐり、玉砂利を敷き詰めた参道を進んでいくと左手に社務所があった。御神体となる「天岩戸」を参拝するには、必ず神職の案内が必要となる。ちょうど案内時間が近かったので、待っていると宮司さんがやって来た。私のほかに、数名のプライベート旅行者と一緒に宮司さんから説明を受けた。

拝殿に入ると、すぐ横に御神木となる「招霊《おがたま》」がある。春先に小さい白い花が咲き、秋には赤い実がなるそうだ。また、神楽《かぐら》を舞うときに手に持つ「神楽鈴」の起源だと伝わっている。ちょうど秋口だったので、枝には緑の実がつきはじめていて、先ほど見た欄干の人形が持つ神楽鈴が浮かんできた。

神楽殿でもある遥拝所

拝殿でお参りをすませたあと、宮司さんよりお祓いをしていただき、横の扉からいよいよ遥拝《ようはい》殿《でん》へと入っていく。ここから先は撮影禁止だ。天岩戸は遥拝殿の対岸にある急な傾斜地にあるが、木々に覆われているのであまりよく見えない。先ほど東本宮の七本杉の奥を、必死に目を凝らして見たときと同じだった。

禁足地なので何びとも入れない。手入れがまったくされないので、どんどん木々に覆われてしまっているのだろう。しかし、宮司さんから説明を受けながら見ていると、岩壁の木々の間に穴らしきものの存在が確認できた。

「あの場所にあった岩戸が戸隠まで飛んだのか」と感慨に浸りながらお参りをすませて拝殿に戻ると、何か一つ大きなことをやってのけたような気持ちになった。

天安河原《あまのやすがわら》からあふれ出る、天と地が交わるエネルギー

次に向かうのは天安河原だ。アマテラスが天岩戸にお隠れになった際、困り果てた八百万《やおよろず》の神々が集まり、「神議《かみはか》り」をされた地と伝えられている。神議りとは、話し合いのことである。

天安河原は、西本宮から歩いて一五分ほどのところにある。そこへ行く道は、昔の街道にあたるそうだ。先ほど通ってきた商店街から参道を通り、天安河原へと続く遊歩道の一部がそれにあたる。以前は一本の街道だったが、残念ながら先が崩落してしまい、当時の面影は残っていない。

遊歩道への入り口には数軒のお店があり、コロコロと太った美味しそうな栗が並べられていた。おばあちゃんからいただいた栗おはぎの、控えめで味わい深い甘さが蘇り、思わずゴクンと唾を飲み込んでしまった。

昔の街道を少し歩き、途中から岩戸川へ下りていく。とてもきれいに整備されていて歩きやすく、生茂る木々と苔に囲まれて気分が清々しい。ちょうどお昼時だったからだろう。戻ってくる人たちはいるが一緒に下りていく人はなく、渓流のせせらぎが身体のなかにどんどん染み入ってくる。近頃ではパワースポットとして有名になった「太鼓橋」も、誰もいなかった。

幸運に恵まれたことに感謝しながらゆっくりと橋を渡ると、歩道が左にカーブしているところに差し掛かった。太鼓橋の下を流れる支流と本流が合流する地点なので川の勢いが増し、滔々と流れていく。流れに導かれるように振り返ってみた。その流れの先にはアマテラスがお隠れになった岩戸があり、やがて五ヶ瀬川へと交わっていく。

カーブを越えた先、圧倒的な存在感で現れたのが天安河原だ。「仰慕窟《ぎょうぼがいわや》」と呼ばれる黒々とした大きな洞窟の中央には鳥居があり、あたり一面に積み上げられた石が無数に並んで

悩み事には橋の上での瞑想がよいと評判

いた。あまりの存在感に思わず見惚れ、佇んでしまうが、その足元には岩をくり抜いた温泉跡があることを忘れてはいけない。

その昔、高千穂あたりには石屋さんがいなかったそうだ。そのため石造りができずに苦労していたので、熊本県は肥後、南関町から石職人四名を連れてきた。職人たちは石を積み上げたり組んだりと、毎日、忙しく働いた。あるとき、霊泉が出ることを発見したが、冷たかったために職人たちは焼いた石を入れて温泉にして、疲れを取っていたという。

その噂が広まり、各地から多くの人が入りに来るようになり、湯治がはじまった。その際、何回入ったかを忘れないように石を積むようになったという。仰慕窟の石積みの発祥である。それがいつの間にか、願いを込めて石を積むようになったという。

鳥居をくぐると、窟《いわや》の奥にはオモイカネと八百万《やおよろず》の神々を御祭神とする「天安河原宮」が鎮座している。オモイカネは、

天安河原

「神議り」の際に知恵を絞って妙案を出した神様だ。もちろん、注連縄は「七五三」。漆黒の窟の中から日差しが燦々と降り注いでいる外を眺めていると、天と地が交わるエネルギーがどんどん伝わってきた。

神話の里の由縁探し

お参りをすませ、次に向かうのは岩戸地区にある五ケ村の集落だ。五ケ村はお世話になっている高藤さんが住んでいる集落で、天香具山の麓にある。そこに、「フォレストピア・フットパス」としてガイドツアーも開催している「高千穂町五ケ村コース～神楽の里」があるので、そのコースを一部歩くことにした。「フォレストピア・フットパス」とは、高千穂郷地域をなす三町二村の歴史や文化に触れながら歩く道のことだ（**コラム**参照）。

西本宮の駐車場の脇にあるスーパーの横から、民家を抜けて上がっていく。細い道が所々で枝分かれする生活道なので目印がない。アマテラスが岩戸隠れをした際、アメノウズメが舞った地として伝わる「神楽尾」を目指すと分かりやすい。

棚田のなかを抜けながら急な坂道を上ること一五分くらい、片側二車線の広い道に出た。その道沿いに「神楽尾」がある。天安河原のあとだったからか、もう少し厳粛な雰囲気かと思いきや、ウズメの像と記念碑があるだけで少し残念だった。

コラム

フォレストピア・フットパス

フットパスとは「歩行者専用道」のことで、発祥はイギリスだ。古い街並みや田園地帯、森など地域の風景を楽しみながら「歩く小径（パス）」のことである。イギリスでは、歴史的背景のなかで、国有地、私有地問わず誰もが「通行権」をもち、ルールのもとで通ることが許されている。現在、日本でもそのニーズが高まり、全国各地にフットパスコースの整備が進められている。しかし、本場のイギリスとは違い、法律ではなく「まちづくり」の観点で市民団体などに管理されている場合が多い。

「フォレストピア・フットパス」は、高千穂郷の3町2村（五ヶ瀬、高千穂、日之影、椎葉、諸塚）に整備されたコースだ。「フォレストピア」とは造語で、フォレスト（森林）とユートピア（理想郷）を組み合わせ、豊かな森林を活用する地域をつくっていこうという意味が込められている。また、『古事記』や『日本書紀』の舞台ともなり、その伝承が色濃く残る地域性を活かしたコースづくりをし、事務局となる「五ヶ瀬自然学校」を中心に地域ごとに管理や運営を行っている。

現在15コースほどあり、あえて民家の前を通るコースづくりをしているそうだ。また、地元ガイドによるプライベートツアーを受け付けている。土地のスペシャリストによる案内は、地名の由来や地元の特産品の紹介など多岐にわたり、地域の暮らしを垣間見ることができる。

春と秋には、イベントが各地域で開催されている。その際には、別の魅力的なコースが組まれるということなので、新しい発見があるかもしれない。

フットパスコースを歩くときは、「ゴミを持ち帰る」、「許可なく動植物や田畑の作物を採取しない」などといったルールがあるので、必ず守ることが必須となる。

実は、ここを歩きたかったのには理由がある。お世話になっている高藤さんが生まれ育った集落だということ、そして、この集落が天岩戸と関係が深いということである。歩くことで、「神話の里」となる由縁が何か分かるかもしれないと考えた。

高千穂町は、山あいの立地のわずかなスペースに集落がある。五ケ村も同様で、川から山へ向かう傾斜地に棚田と民家が点在している。

集落のなかに入り、少し上がったところで振り返ってみた。すると、パッチワークを組み合わせたようにさまざまな形をした棚田と、それに寄り添うように建つ家々が目に映った。その先には、岩戸神社や天安河原があるこんもりとした鎮守の森が隣接している。

あまりにもきれいで、しばらく見惚れてしまった。地域の人々と神話の近さを感じ、はやり廃りではなく、長い歴史のなかで寄り添ってきたことがうかがえる。

中央の森が天岩戸神社と天安河原

高藤さんのお祖父さん

高藤さんにはお祖父さんがいて、お会いした時点では一〇五歳だった。宮崎県内の男性最高齢という。いまだに二階で暮らしているし、洗濯物もご自分で干しているという。耳が少し遠いので、いろいろなことをあまり聞くことはできなかったが、一〇五年という歳月のなかにどのような出来事が詰まっているのだろうかと思ってしまった。

尾迫《おさこ》の荒神様伝説

集落の上のほうへ行くと、高千穂の夜神楽に使う「おもてさま」と呼ばれる神楽面《かぐらおもて》を制作する工房がある。神様である「おもてさま」は、人々にとっては大切なものである。この「おもてさま」について、古くから言い伝えられている面白い話を聞くことができた。「尾迫の荒神様」という、町内最古となる「おもてさま」の伝説だ。

岩戸地区にある別の集落に佐藤家という旧家がある。そこには、通称「尾迫の荒神様」と呼ばれ、村人のあつい信仰と親しみをもたれてきた「おもてさま」がお祀りしてあるという。年代は定かでないが、安土桃山時代、明の彫刻師であるラシンソウサイが彫ったものと伝えられている。

竈（台所）の神様である「荒神様」は、あちこちのお祭りに出向いて神楽を奉納されるが、「荒神様」自身が気に入らないところへは絶対に行かないそうだ。気に入らないことがあったらさっさと帰って来られるし、また当主が何かの都合でお供できないときは、「荒神様」のほうからお供しなくてはならないように仕向ける、と言われている。

理由は分からないが、岩戸川の向こう側（東側）には絶対出向かないという。「スサノオノミコトの面」と言われていることから、「アマテラスオオミカミ」に遠慮しているのではないかという説があるのだ。

江戸時代の中頃、家人が出払っているときに火災が起こり、あっという間に全焼してしまったことがある。家人をはじめとして村人たちは、「せめて荒神様だけでも救いたかった」と大変悔やんだようだ。気落ちするなか、焼け跡の片づけをしていると庭の端にある木の梢に荒神様がいたという。

また、そのとき、一緒にお祀りしてあった狛犬も出ようと戸口まで逃げてきたが、畳より戸口の敷居が一寸高かったので、それにつまずいて出られず、焼けてしまったという。それ以来、佐藤家では家を建てるときの戸口の敷居は、畳より上にならないようにしている。

あるとき、佐藤家に泥棒が入り、荒神様が盗まれたことがある。首尾よく盗み出した泥棒は、逃げる途中の峠で「もう岩戸は見納めだから、ひと目見るがよい」と言って自分の顔に荒神様を付け、岩戸のほうを振り返った。途端に荒神様が顔にくっついて離れなくなり、もがき苦しんだ泥棒はとうとう佐藤家に戻って懺悔した。すると、やっと離れてくれたので三拝九拝して帰ったという。

榊が生い茂る天香具山

工房の先に「岩戸越え」という看板があったので、一旦フットパスを離れて車道を上っていくことにした。「岩戸越え」というのは、浅ヶ部地区と岩戸地区を結ぶ峠道のことで、天香具山を越える昔の街道である。現在は、車が通れるように整備されている（三六ページの地図参照）。

浅ヶ部地区には、四国八十八の寺院の土をもらい受け、開場した「浅ヶ部八十八ヶ所」の霊場があるが、私が目指すのはこの霊場ではなく天香具山だ。岩戸神社の東本宮で私を見ていた、あの三角形の山である。

山の鞍部《あんぶ》を通る峠道には、その途中から頂上への登山道があり、霊場めぐりのルートと重なっている。峠道は、車道とはいえまったく車が通らない。もちろん、人っこ一人誰も通らない。昔は主要道だったそうだが、ほかに走りやすい道ができてしまったからだろう。

動物除けの電気を流している柵が張りめぐらされた最後の田んぼが終わってしまった。単独で山に入ることが多い私だが、時折吹く

峠道から入る山頂への登山道

風に、急にもの悲しくなってきた。民家がまったくなくなると、針葉樹が生い茂る木々に囲まれた道になる。深い緑色の榊が群生しはじめ、あたり一面の景色が緑色に溶け込んでいく。すると、少し不安になりかけた気持ちが、神様が近くにいてくれるような安心感に変わってきた。

標高五五七メートルの峠に到着した。峠を越えるとすぐ左側に「浅ヶ部八十八ヶ所へんろ道」の看板があるので、そこから山道に入っていくと、標高差五〇メートルほどで天香具山のピークがあるはずだ。

ここを歩く前、高藤さんに「登りたいのですが」と相談したが、地元の人と行ったほうがいいと言われていた。なぜなら、ほとんど人が入らない山は手入れが行き届いておらず、踏み跡を間違えると危ないからだ。登山道、獣道、そして生活道が入り乱れている里山ほどその危険性がある。

しかし、標高差はたった五〇メートル。遍路道も通っているし、頂上はすぐそこにある。普段の私なら確実に頂上を目指すところだが、登り口をチェックするだけにして同じ道を下ることにした。聖域に入るだけの準備が整っていないことが分かっていたからだ。

すべてを完璧にこなそうとすると、到着することだけが目的となってしまう。車道とはいえ、天香具山の由縁ともいえる榊が生茂る山肌を感じたし、峠からは浅ヶ部の集落も見ることができた。浅ヶ部の集落は、五ケ村よりもずいぶん開けた土地だった。

再びフットパスコースに戻り、五ケ村集落のなかを下っていく。途中、岩戸地区を望む高台に、地元の人に人気の天岩戸温泉がある。かなり歩いてきていたので足が重く、疲れていたが、そこには寄らずに「天岩戸神社」へ戻ることにした。温泉につかると、自分のあかでまだ消化していない一日の出来事のすべてが流れていってしまうような気がした。

このコースに関して、こぼれ話がある。

先に訪ねた天安河原は、スピリチュアリストの江原啓之氏が禊をしたことで一躍有名になり、多くの人がそのパワーを授かるために訪れているという。遊歩道もきれいに整備され、高千穂観光では、必ずと言っていいほど誰もが訪れる観光地となった。しかし、昔から高千穂に暮らす人々にとっては生活の場でもあり、また子どもたちにとっては遊びの場でもあった。

天岩戸神社のすぐ横には岩戸小学校があり、天安河原の近くには岩戸中学校がある。高藤さんがそこに通っていた昭和

岩戸越えから浅ケ部集落を望む

四〇年～五〇年の初めごろ、子どもたちは岩戸川を泳いだり、飛び込んだりして遊んでいたそうだ。滔々と流れる清流のなか、大声を上げて楽しんでいる子どもたちの姿が浮かび、思わず目を細めてしまった。

「有名になったき、今の子どもたちは、もう泳ぐことは無理じゃろね」と、少し寂しげな高藤さんの笑顔がそこにあった。

秋元コース

秋元集落は、高千穂の町中から南へ一五キロメートルほど下ったところにある。ここ数年、隠れたパワースポットとして「秋元神社」が有名になり、足を運ぶ人が増えてきているというが、私は知らなかった。

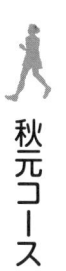

高藤さんから「会わせたい人がいる」と言われ、一緒に車で向かうことになった。高千穂の中心地からは、山の裾野を通る細い道を走っていく。今、北海道で暮らす私にとっては一五キロというのは友達に会いに行くぐらいの短い距離でしかないが、ここはまったく違う。

右に左にカーブする道は車一台が通れる程度。交通量が少ないとはいえ、カーブの先からいつ車が出てくるか分からない。案の定、出会い頭に急ブレーキということが何回かあったが、土地の人はいつものことらしくまったく慌てない。車を交わせる場所が、頭の中の地図に組み込まれているのだ。あうんの呼吸のごとく、すぐさまどちらかが下がり、挨拶してすれ違っていく。土地の言葉で、これを「離合《りごう》」と言うらしい。

秋元集落は、急峻な山に囲まれた静かな山あいの集落である。元々は林業が盛んだったというが、高齢化に伴って林業は廃れてしまい、ほかの仕事と兼業で田畑を維持しながら暮らしている人が多い。

村で一軒だけという商店の前を通って、谷あいの道を上がっていく。川に向かって急な崖になっているので、畑や田んぼに利用できそうな土地は少ない。それだけに、わずかな土地でも有効に利用している。その苦労を思うと、人間の生きる「強さ」を感じてしまう。

そんな集落の外れに、目指す「民宿まろうど」があった。オーナーの飯干淳志《いいぼしあつし》さんは、秋元で生まれ育ち、この地で生活を営んでいる人である。元々は役場勤めだったが、長年にわたって衰退していく村を見てきた経験を生かし、新しい価値観で村の活性化を考えはじめ、新たなスタートを切った。

「まろうど」とは「客人」という古語

オーナーの飯干淳志さん

新しい価値観とは、「持続可能な集落」を目指して、外の人たちと連携を取って組み立てていくことだという。積極的にインターンシップを取り入れ、外の力を活用しながら村の特産品をつくるなど、ここでしかできない仕事を生み出している。また、農村ツーリズムの開拓へ向けて、海外への発信にも力を入れはじめた。これについては、次の世代となる三女絵里子さんご夫妻が鍵を握っていると言える。

「民宿まろうど」から出発

一日かけて、秋元集落をゆっくりとめぐりたいので、一人「民宿まろうど」に泊まることにした。古民家を改造した客室棟は木の香りがあふれ、落ち着いた空間が広がっている。テレビや時計がなく、時間というものはこんなにもゆっくり流れるものだという忘れていた発見が嬉しい。

夕食は奥様の手づくり。地元の野菜や魚・肉がふんだんに使われた和洋折衷だ。せっかくなので、飯干さんが手掛けて

三女絵里子さん（写真：渡辺洋一）

いるどぶろく「千穂参り」とともに夕食をいただいた。もちろん、このどぶろくも秋元の田んぼで収穫されたお米を使ってつくられている。とくれば、お料理とも見事にマッチして美味しい！　楽しい会話と美味しい食事、バックミュージックとして流れる虫の声が優しい時間を演出してくれた。

翌日、雲があるものの、清々しい空気が美味しく、高原のような朝を迎えた。聞けば、標高が六〇〇メートルほどあるという。冬には雪が積もり、村には除雪車もあるというのだが、どうもピンとこない。

秋元集落にも「フォレストピア・フットパス」があり、そのコースを歩くことにした。

民宿を出て六峰街道方面に車道を上がっていくと、すぐ桂《カツラ》の巨木が目に飛び込んできた。何本もの幹が束になり、そこから噴火しているように枝葉が伸びている。推定樹齢五五〇年に近い立派な桂だ。しかし、よく見ると

高台にある棚田。寒暖の差が激しいため、とびきりのお米がとれる

「みやざき新巨樹100選」に認定された桂

葉っぱがハート形をしていて、全体の様相とのギャップが愛らしい。出発早々の出会いに感謝しながら桂に別れを告げ、車道をどんどん上がっていく。軽く息も上がり、汗ばんでくるのが心地よい。

標高にして一〇〇メートルほど上がっただろうか、車道沿いの木々が開け、谷合に寄り添うように建つ集落が下に見えてきた。あの地を開墾し、田畑をつくって暮らしを営んできたことを思うと、「持続可能な集落」という言葉の意味が深く心に突き刺さる。

しかし、その先にもっと驚くべきことが待っていた。民家が一軒もない山の中腹だというのに、棚田があったのだ。水路はどうしているのだろう？　苗を植え、稲刈りをするまでに、いったい何回ここまで来るのだろうか？

さすがに、思考がストップしてしまった。

踏み入れてはいけない断崖である太子《たいし》ケ岩《がいわや》

しばらく道沿いに上がっていくと、二叉になっている道があった。「フォレストピア・フットパス」の標識どおりに右の林道へ入っていく。ここからは下りだ。

再び、私の目に棚田が飛び込んできた。もちろん、そこにも民家はない。道がだんだん狭くなり、つづら折りの砂利道に変わってきた。木立を抜け、左への緩いカーブを抜けると目の前が開け、正面に木々をまとった岩壁が見えた。「太子ヶ岩」である。

岩壁の姿は見えづらいが、大きな絶壁の岩だというのは分かった。そのまま歩いていくと「太子ヶ岩参道」という石碑があり、その横には、参道というよりは人の踏み跡が分かる程度の道が岩壁に向かって延びていた。

この岩壁には大きな窟があり、秋元神社の御神体とも言われているそうだ。また、修行の際に使われていたこともあると聞いたが、定かではない。いずれにしても、今は立ち入り禁止となっているので、決して踏み入れてはいけない場所である。

遠くから手を合わせ、太子ヶ岩を回り込んでいく。次に目指すは、その裏側に鎮座する「秋元神社」だ。途中にはいくつかの祠があり、それらは岩に張り付いたり、石を支えたりしていた。

大きな岩を支える木の祠

1992年に入山禁止になった太子ヶ岩の入り口

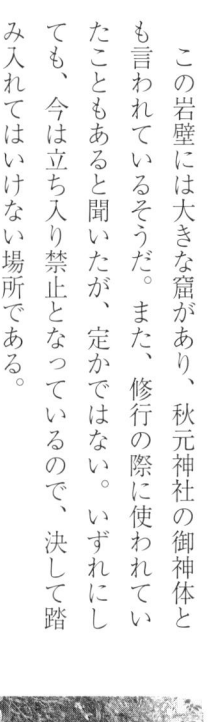

秋元神社の守るべきもの

坂道を下っていくと鳥居が見えてきた。鳥居の横には手洗舎《ちょうずや》があり、その隣に石碑が立っている。鳥居の前に立ち、目の前に延びる階段を眺めてみた。神社は谷の突き当たりにあるようで、両脇が山に囲まれている。右奥のほうに少しだけ空が見えた。

秋元神社は、タテイワタツノミコトが諸塚大白山中腹に創建し、一六八三年に現在地に創立したとされている。元々は「秋元太子大明神」と称していたが、一八七三年に「秋元神社」と改称している。御由緒によると、御祭神の一神クニトコタチノミコトは天地創生神話に登場する国土の神様である。また、もう一神のクニサズチノミコトは、山の神と野の神との間に生まれた土地神様であることから、健やかで平穏な生活を求めている人におすすめの神社である、とされている。

深く一礼し、階段を上っていくと二の鳥居が現れた。鳥居の先には拝殿が見えている。この鳥居と拝殿が鬼門（北東）を向いているということで、秋元神社が一躍有名になったという。

一般的に、神社は東もしくは南を向いていることが多い。東から太陽が昇るので一日のスタートとして勢いがあるという説や、陽が燦々と差し込む南は昔から位の高い人が座る方向だからという説がある。

秋元神社は、鬼が出入りするという鬼門を向いていて、邪気を押さえ込んでいるという。また、その方向線は日本列島を貫く直線となっており、伊勢神宮と向き合っているとも言われている。（果たして、この説はどうなのだろうか？）という疑問があり、前夜に飯干さんに質問をしていた。飯干さんの説明は、「行けば分かると思うけど、土地の関係ですよ。あの向きに建てるしかなかったんじゃないかなあ」とアッサリしたものだった。

百聞は一見にしかず。鬼門方向に立つ二の鳥居の前に立ち、拝殿を眺めてみた。左側には「太子ヶ岩」がそそり立ち、右側からも断崖が迫るという僅かな空間に鎮座している。向いている方向は集落なのだ。「守るべきもの」という文字が私の頭に浮かんだ。

拝殿は小さいながらにきれいな造りとなっている。その横には、太子ヶ岩のほうから湧き出す御神水がある。ちょうど、地元の人らしい女性が水を汲むために来ていた。会釈をし、私もお水をいただいた。

鬼門を向いて建つ秋元神社

かなり歩いてきて喉も乾いていたからか、とろけるような甘みが口の中に広がった。

お参りをすませあと拝殿の後ろ側へと歩いていくと、大きな石というかゴツゴツした岩が斜面に張り付いていた。岩の上には苔が生え、草木が生息しており、一つの岩山として成り立っている。目を凝らしてみると穴が見えた。山伏が修行をしていた跡らしい。地元の人たちはこの岩を「岩倉山」と呼び、崇拝していると聞いた。

屋号は「いろは……」の秋元集落

秋元神社を後にし、数軒立ち並ぶ民家の間を抜け、谷あいを下っていく。途中、可愛らしく着飾ったカカシのような人形が出迎えてくれた。一瞬、本物の人間かと思うくらいリアルなものだった。

農産物直売所「いろはや」が見えてきた。ここは無人の直売所。地元で採れたお米や野菜が並んでいるのだが、代金の

中央に修行の穴が二つある岩倉山

回収率は一〇〇パーセント以上だという。

お米の袋に貼ったラベルを見ると、屋号が記されていた。秋元集落は現在三〇軒あまりの家が点在しているそうだが、住民の多くが「飯干」だという。そのため、各戸には「いろはにほへと……」の屋号が付けられている。確かに、生産者の名前はすべて飯干さん、その横に屋号が書かれていた。

「いろはや」を過ぎると道が二叉に分かれる。フットパスコースは右へ行って「民宿まろうど」に到着して終了となるが、左へ行くことにした。その道は、集落の入り口に続いている。

「よくもまあ、こんなところに」と感心してしまうほど狭く連なった棚田の合間を抜け、そのまま秋元川沿いを歩いていく。その川には、急峻な山から染み出した清流が所々から流れ込んでいた。秋元川も、やがて五ヶ瀬川に流れ込んでいくことになる。これだけ水が流れ出しているということは、地元の人にとっては災害への備えをはじめとしてさぞ苦労が多いと思われるが、私にとっては心地よい水音だった。

ふと、目の前に大きな岩が見えてきた。「殿岩」

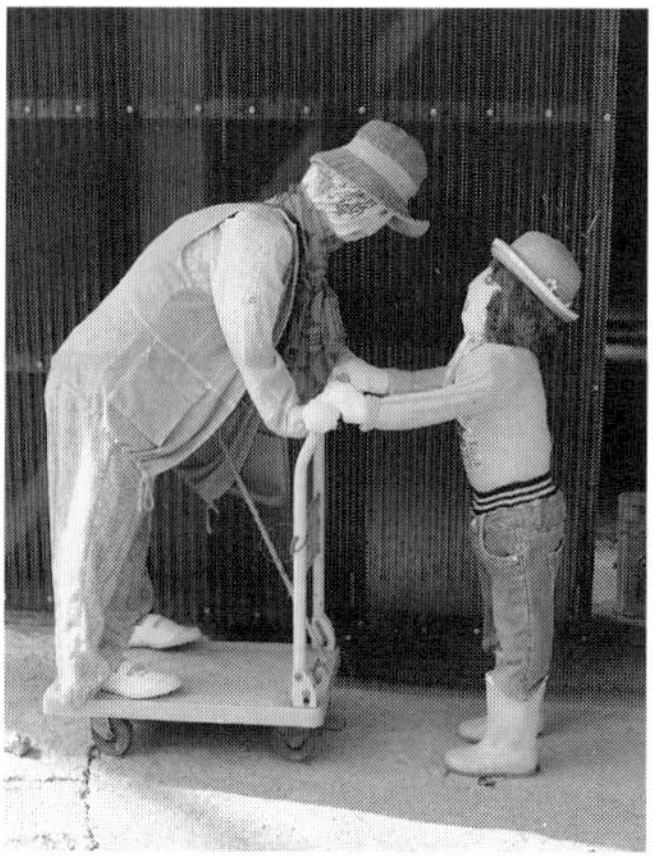

思わず挨拶してしまうカカシ

と呼ばれ、草や蔓が絡み付いている。その先には「長九郎岩」と呼ばれている立派な岩もある。長九郎岩は秋元川のなかにあり、岩の上部は神社にある岩（岩倉山）と同じように苔や草木が生えている。

黒々とした岩肌を見ると、まるで岩が川から水を吸い上げ、森が形成されているようでもある。高藤さんの言葉を借りれば、「一つの生命体」として成り立っている。長九郎岩の近くに、地元では「山の神」と呼ばれる小さな像があった。長い年月の間、人々を守り、祈りを捧げてきたのであろうか、苔むした岩と方々から伸びた蔓の隙間に、まるで身を隠しているように佇んでいる。カメラのファインダー越しに覗いてみると、その肩には蔓が巻きつき、思わず時の流れを感じてしまった。

そこからは、「民宿まろうど」へ引き返すために再び秋元川沿いを上がっていくことにした。今度は、秋元神社の方面を見ながらとなる。

長九郎岩。この地で修行した武人・長九郎がいわれ

秋元川へ流れ込む清流

山々が重なり合う谷あいの奥に秋元神社があり、それを守るようにそびえる山があった。すると、あることが気になり出した。確か、秋元神社のご由緒に「諸塚大白山中腹に創建」と書いてあった。住民が大切にしている御神水についても、「諸塚山中より長い年月かけて湧き出る」とも書いてあった。あれが諸塚山なのだ。

「あの山に登らなければならない」

どこからともなく、私の心にこのような言葉が響いてきた。

九州宮崎の高千穂にある秋元集落。村民の多くが飯干さんで、屋号として「いろは」が付いている。山間にあるとても小さな集落は、古きよき時代の暮らしを大切に守りながら、次世代へとつないでいる。今度ここを訪れたとき、どんな変化が私を迎えてくれるのだろうか。次世代となる若者たちの力に期待が膨らみ、足取りも軽やかに「民宿まろうど」への道を歩いていった。

山の神。足元にはお供らしき動物2体を従えている

五ヶ瀬コース

高千穂郷の一つである五ヶ瀬町は、高千穂町の南西にある隣町だ。町の西側は熊本県との県境になり、標高一二〇〇～一六〇〇メートル級の九州山地が連なっている。九州山地は、九州中部を北東から南西方向に、一五〇キロメートルという長さで貫いている山地である。「九州の脊梁《せきりょう》（背骨のこと）」と呼ばれ、大分、宮崎、熊本、鹿児島の四県にまたがっている。山々に囲まれた地形は急峻で、町の約八八パーセントを森林が占めているという。

耳学問だが、日本の森林率は国土の約七〇パーセントで、世界第三位となっている。世界の平均森林率は約三〇パーセントと言われるから、五ヶ瀬町がどれだけ山や森に囲まれた場所なのか想像がつくだろう。

前掲（九〇ページ）したように、私が高千穂に通うキッカケとなった五ヶ瀬スキー場は、九州山地の一つである向坂山《むこうざかやま》（一六八五メートル）にある。そして、五ヶ瀬川はこの山を水源としている。山々から長い年月をかけて染み出した水が五ヶ瀬川に流れ込み、高千穂峡を形成し、岩戸川からの流れを融合させて日向灘に注ぎ込んでいる。山や森、そして五ヶ瀬川がこの町の宝なのだ。神話の継承地こそ少ない集落だが、人々の暮らしのなかで、伝説や言い伝えが多く残る魅力的な地域である。

しかしながら、観光客の多い高千穂町と違って、なかなか情報を得ることができない。それならば、現地へ出向いて歩くのが一番だ。秋が深まる一二月の初めに訪れることにした。

神秘に包まれた祇園神社

祇園神社は九州発祥の地とされる祇園山（一三〇七メートル）を御神体とし、その山麓に鎮座している。御由緒によると、創始の年代は定かではないが、欽明朝時代に疫病が蔓延し、疫病除け、厄難消除の守護神とされた。欽明天皇というと六世紀前半となるから、その歴史の古さに目を見張ってしまう。

その後、文徳天皇の時代（八五七年）に神階奉授されている。神階とは、神社の神々へ授けられた位階のことだ。要するに、神様にも位があるということになる。御祭神はスサノオノミコト、オオナムチノミコト、イザナミノミコトなどで、厄難災難消除、五穀豊穣にご利益があるとされている。

この日は、青く澄み切った空がどこまでも広がる秋晴れの朝だった。キンと冷えた空気が頬をなで、心が引き締まる。

祇園神社は鞍岡という町にある。最初の目印は、五ヶ瀬川に沿った国道２６５号線にある鞍岡郵便局だ。郵便局を過ぎるとすぐに県道２０２号線の看板があるので、そこを左に入る。すると、植林された杉林の奥に、てっぺんが尖っているきれいな三角形をした祇園山が見えた。

すぐ五ヶ瀬川の流れに差し掛かるので、橋を渡った突き当たりを左へ行く。高千穂あたりに比べると川が近く、日々の暮らしに密接していることが分かる。赤や黄色に色づいた木々が、川の流れを彩っていた。

大きめの民家が立ち並ぶなかを五〇メートルほど行くと、右手に赤い鳥居が姿を現した。参道の入り口だ。鳥居をくぐって参道を上がっていくと、石造りの二の鳥居があり、その先に古い石段が続いている。あちこちが傾き、所々割れている石段に気を付けながら階段を上ると、御神木の大イチョウが出迎えてくれた。残念ながら、黄色に纏われたイチョウの時期はすでに過ぎていた。

そのおかげかもしれない。奥にある巨木が目に飛び込んできた。「祇園神社の大欅」と呼ばれ、推定樹齢八〇〇年の御神木である（二〇〇四年現在）。伝説によると、那須大八郎という武士が平家追討のため

赤い「一の鳥居」の奥には祇園山

祇園山

椎葉山に赴く途中、馬の鞍を置き、戦勝祈願のために参拝して植えたものらしい。

この那須大八郎に関連する伝説が、五ヶ瀬町の隣にある椎葉村《しいばそん》に今も大切に伝わっている。椎葉村オフィシャルホームページから、伝説の内容を紹介しておこう（一部改変）。

およそ八〇〇年前、壇ノ浦の合戦に敗れた平家の武士たち。追手を逃れて、各地のふところの深い山奥へ。古文書「椎葉村由来記」は次のように伝えています……。

道なき道を逃げ、平家の残党がようやくたどりついたのが山深き椎葉だった。しかし、この隠れ里も源氏の総大将頼朝に知れ、那須与一宗高が追討に向かうよう命令される。が、病気のため、代わって弟の那須大八郎宗久が追討の命を……。

こうして椎葉に向かった大八郎、険しい道を越え、やっとのことで隠れ住んでいた落人を発見。だが、かつての栄華も

五ヶ瀬町指定天然記念物の大欅

よそに、ひっそりと農耕をやりながら暮らす平家一門の姿を見て、哀れに思い追討を断念。幕府には討伐を果たした旨を報告した。

普通ならばここで鎌倉に戻るところだろうが、大八郎は屋敷を構え、この地にとどまったのです。そればかりか、平家の守り神である厳島神社を建てたり、農耕の法を教えるなど彼らを助け、協力し合いながら暮らしたという。

やがて、平清盛の末裔である鶴富姫との出会いが待っていました。……いつしか姫と大八郎にはロマンスが芽生えました。「ひえつき節」にもあるように、姫の屋敷の山椒の木に鈴をかけ、その音を合図に逢瀬を重ねるような……。

庭の山椒の木鳴る鈴かけて
鈴の鳴るときゃ出ておじゃれ
鈴の鳴るときゃ何というて出ましょ
駒に水くりょというて出ましょ

大八郎は永住の決心を固め、村中から祝福されます。ところが、やがて幕府から、「すぐ兵をまとめて帰れ」という命令が届き、夢ははかな……。

和様平家の公達流れ
おどま追討の那須の末よ
那須の大八鶴富おいて
椎葉立つときゃ目に涙よ

このとき鶴富姫はすでに身ごもっていました。しかし、仇敵平家の姫を連れていくわけにもいかず、分かれの印に名刀〈天国丸〉を与え、「生まれた子が男子ならわが故郷下野（しもつけ）の国へ、女ならこの地で育てよ」と言い残し、後ろ髪を引かれる思いで椎葉を後にするのです。

生まれたのはかわいい女の子。姫は大八郎の面影を抱きながらいつくしみ育てました。後に、婿を迎え、那須下野守と愛する人の名前を名乗らせたそうです。

「椎葉村由来記」とは、一七世紀に作成されたもので、人吉相良藩《ひとよしさがらはん》が椎葉《しいば》を支配したとき、その由来について村民から聞き取り調査をして記録したものと言われている。

この欅は、遠くから見るとまるで強い意志のもと、空へ向かって太い幹が伸びているように感じるが、真下から見上げると枝があちこちへと分かれている。八〇〇年を超える長い年月うちに、幾度となる枝分かれをしたという物語があるのだろう。その勢いは、すでに止まってしまったかのように葉をまとっていなかった。

欅の横を通り過ぎ、赤い三の鳥居をくぐると階段の上に社殿が見えてきた。ご由緒によると、一七二〇年に神殿が建立され、一八三五年に、北の殿にあった大欅一本を用いて社殿が再建されている。神殿の屋根は草葺きで、約一八年ごとに葺替えが行われていたという。しかし、一九七七年に銅板葺きに改修されている。

槵觸《くしふる》神社といい、高千穂神社といい、気の遠くなるような年月を生き抜いてきた神社が高千穂郷には多数存在している。それにしても、祇園神社の草葺きの神殿、一目見ておきたかった。

お参りをすませると、宮司さんがいらっしゃった。「中に入って、写真をどうぞ見てください」と言われたので、拝殿の中に足を踏み入れることにした。そこには、光が差す不思

「ぎおんさん」と呼ばれる夏祭りは大勢の人で賑わう

議な幻影の写真がたくさん飾られていた。すべてこの神社で撮ったものらしい。

宮司さんのお話によると、出雲へ行ってしまったスサノオを御祭神として祀っているのは、この地では珍しいとのことだった。悪者のイメージが強いスサノオだが、実は心優しく、今はこの地を龍として見守ってくれているという。そして、不思議な幻影はすべて龍ということだった。

このあとも宮司さんはいろいろと謎めいた話を聞かせてくれたが、残念ながら、私の記憶には残っていない。ミステリアスなことの連続で、頭の中がオーバーフローを起こしてしまったようだ。もう少し準備を整えてまた来よう、と思い、宮司さんにお礼を言って拝殿を後にした。

社殿の右袖に回り込んでみると、本殿の板壁には歴史を刻んできた染みが色濃く残っていた。その上部は立派な龍の彫刻となっており、一つのアートとして完成されていた。古い時代の神社だからこその遺産である。

本殿の横には、「神徳の木」と呼ばれている欅があった。その木の中から榊の木が生えていて、まるで抱き育てられているような感じであった。木の横に立ち、目線を頭上に向けると、欅の枝が神社を守るように大きく広がり、その合間から木漏れ日がキラキラと差し込んでいた。

日本の棚田百選――あぜ道を歩く

五ヶ瀬でも「フォレストピア・フットパスコース」を歩くことにした。祇園神社からのフットパスコースは、入り口が少し分かりづらいので注意が必要となる。

山に行くときに感じるのだが、登山口を見つけるのに大変な思いをすることが結構多い。とくに、人の暮らしと近くなっている登山道は見つけづらい。建物や看板などがあるので、標識を見落としやすいのだろう。ここには宮司さんがいらっしゃるから、迷ったら聞くにかぎる。

神社を背にして左手の階段を上っていくと「忠霊塔」というものがあり、そこがフットパスの入り口だった。その先には田んぼが広がっており、そのなかをジグザグ歩いていくことにした。

農作業をするための草を刈った田んぼのあぜ道なので、通っていいのかと迷ってしまうが、時折、足跡のマークがついたフットパスの看板が立っているので、それに沿って行けばいい。

それにしても、五ヶ瀬の棚田も素晴らしい。さすが世界農

ジグザグ歩くフットパス

業遺産だけのことはある。もちろん、「日本の棚田百選」にも選ばれている。春に水が張られて田植えがはじまり、田植えが終われば一面が緑という絨毯に変わるのだろう。稲はスクスク育ちながら黄金色へと変わり、収穫を迎えるころには金色に輝くにちがいない。

どの季節に来ても、里山のもつ素晴らしい田園風景に出合えることだろう。私が訪れた時期は、稲刈りが終わったあとの何もない時期だったが、あぜ道に伸びた草やススキが陽の光を浴びて山吹色に輝いていた。

棚田のなかに、地元を守る氏神様のお堂がある。ここを守る氏神様だ。通らせていただいたことにお礼を言い、棚田を抜けていく。

妙見さんのお水を求めて

棚田から出たところは車道で、角に材木屋があった。きれいに整えられた角材が並び、一人の男性が作業をしていた。材木を切る芳しい香りが鼻腔《びこう》をくすぐる。

男性は、地下足袋を履いた足で器用に角材を押さえ、慎重に材木の形を整えている。製材された材木には成長の証ともいえる年輪や木目がうかがわれ、それぞれが独特の風味を感じさせてくれた。

ふと、以前に訪れた南米ペルーの森が思い浮かんだ。歩いているときに切り出された木材を見かけたのだが、年輪がなかったのだ。年輪は気候変化によりつくられるので、年輪がつくられないということは必然的に木目も現れづらくなる。私たちは、暮らしのなかで当たり前のように木の味わいを感じることができる。世界中の森を歩いたわけではないが、日本の気候風土が生んだ「木の文化」は大切な財産だと改めて感じた。

話しかけてみようかと思ったが、集中して木材に穴を開けていたので遠慮することにした。懐かしい香りに満たされながら車道を歩いていく。民家が少なくなってくるが、フットパスの地図があれば方向を間違えることはない。あとは、時折出てくるピンクのリボンを見つけていけばいいだけだ。

基本的に車道を歩くのはあまり好きではないが、色づいた落葉樹に目が奪われ、足取りが軽くなってくる。私が暮らしている北海道では一〇月の中頃になると紅葉は終わってしまうが、ここは真っ盛り、大満足の道のりだった。

だんだんと道は山に沿って上っていく。田んぼがなくなっ

木の香りが漂う材木屋

てきたところ、道沿いの右手に鳥居が見えてきた。妙見神社だ。鳥居からは丸太で造られた階段が下へと続いていて、ここも下り宮である。下りはじめると、すぐに水の音が聞こえてきた。かなりの水量のようだ。

階段を下り切ると道は右にカーブし、その先には真っ赤に色づいた紅葉が水神様を彩っている。轟々と音を立てて流れ落ちる水と赤く輝いた紅葉、音と色の共演が広がっていた。

妙見神社は八七〇年に建立され、人々から崇められてきた水神様である。四桁に届かないこの数字を見たときは度肝を抜かれてしまい、頭が理解するのに時間を要してしまった。

祇園山の石灰岩層の洞窟から流れる水が、麓にあるこの妙見神社に湧き出ているそうだ。環境省認定の「名水百選」に選ばれ、「妙見神水」と言われている。また、地元の人々からは「妙見さん」と呼ばれて親しまれており、農業用水や生活用水としても活用されている。ちなみに、アルカリ性でミネラル成分を含むことから、お乳がよく出る「授乳の神水」

小さいながらも手入れが行き届いた妙見神社

とも伝えられている。

小さな御社の前に吊られている鈴をチリンチリンと鳴らしてお参りをすませ、「妙見さん」をいただくことにする。決して大きいとは言えない祇園山から、なぜこんなに豊富な水量が生まれてくるのだろうか。山や森が水を蓄え、里を守っている姿がここにあった。

妙見さんをひと口いただくたびに、口の中にとろけるような甘さが広がってきた。大満足の妙見神社を後にし、来た道を戻っていくことにした。

フットパスコースは途中から五ヶ瀬川へ下り、しばらくは川沿いを歩くコースとなっている。私は、そのまま車道を戻ることにした。というのも、気になっていた五ヶ瀬川だが、今は近くで見なくてもいいような気がしてきたからだ。

祇園神社の御神体であり、九州発祥の地でもある祇園山。その祇園山が蓄えた清水が、長い年月をかけ「妙見さん」として親しまれている。妙見さんは五ヶ瀬川へ注ぎ込み、里に恵みをもたらせている。充分すぎる収穫に胸がいっぱいとなった。

左・祇園山。右・揺岳《ゆるぎだけ》

第5章

山を歩く

二上山

天孫降臨の山

高千穂町と五ヶ瀬町の境界にある二上山は、南西の「男岳」と北東の「女岳」からなる二座峰だ。『古事記』では、神々が降り立ったのはクジフル岳となっているが、『日本書紀』には「天孫降臨の山」と記されている。また、『日向風土記』の逸文に出てくる「高千穂の二上嶽」であるとも伝わっている。

高千穂町側からだときれいな二つの峰の姿を見ることができるが、町の中心部からではない。中心部からだと二つの峰が重なってしまうのだ。

登る前に、（山の全容を見ておきたいな）と思いながら町中をブラついた。訪れる前にすす

旧高千穂鉄道の車庫を使う「あまてらす鉄道」

められて読んだ『高千穂伝説殺人事件』（内田康夫、光文社文庫、二〇〇九年）という小説がふと蘇ってきた。この本は、旧高千穂鉄道の高架鉄橋から転落事故死した事件が鍵となるミステリー小説である。

高千穂鉄道は延岡から高千穂を結ぶ実在した鉄道だが、二〇〇五年の台風24号による被害で運行休止となり、二〇〇八年に廃線となってしまっている。その後、地元出身の作家である高山文彦氏[1]が中心となって運動した結果、「あまてらす鉄道」として観光列車を運行するようになった。その目玉は、日本一の高さに架かる鉄橋を渡ることだ。一番高いところで運転士さんが列車を止めて、眼下に見える一〇五メートルの絶景を見せてくれる。

この列車に乗ったときに、切符売り場で二上山のことを尋ねてみた。窓口で対応してくれた女性は地元の人だったが、どうも困った様子をしている。考えてみれば当たり前のことかもしれない。よほどの山好きならともかく、近くにいればいるほど身近なことは案外分かっていないものだ。それなのに、「ちょっと待ってね、知っていそうな人に聞いてみるから」と言い、あちこちに電話をかけてくれた。申し訳ない気持ちでいっぱいになってきた。

（1）『火花　北条民雄の生涯』（一九九九年）により、第三一回大宅壮一ノンフィクション賞、第二二回講談社ノンフィクション賞を受賞。

一〇分位待っただろうか、「比較的、きれいに見えるのは中心から少し離れた運動公園から」という答えを出してくれた。何度もお礼を言い、車を走らせて運動公園へ向かうことにした。

駐車場に車を停め、できるだけ奥のほうへと歩いていくと、左手に二つ並ぶ峰が見えてきた。真横からではないが、手前と奥に二つの峰がしっかりと見えている。この山が目指す「二上山」である。

三ヶ所神社奥宮――男岳

二上山の間には「六峰街道」という車が通れる道が走っている。秋元集落を歩きはじめたときに向かっていった道だ。街道と言っても山の中をクネクネと走る道なので、本当にこれで合っているのかと不安になる。山の上のほうへ行くと、たくさんの落ち葉が道を埋めつくし、通過する車の風で、まるで粉雪のように落ち葉が舞い上がる。ヒラヒラと風で運ば

二上山（右が男岳、左が女岳）

れる落ち葉をバックミラー越しに眺めながら車を走らせると、峠の一番高いところに到着した。

道が少し広くなったので、スピードを少し落としてあたりを見回すと、ガードレールが切れた隙間に「二上山男岳登山口」という立て看板があった。しかし、駐車場らしきスペースはなく、その道の邪魔にならないところに車を停めることになっているようだ。

登山の準備をして登山口から歩きはじめると、すぐに看板があった。「天孫降臨の聖地二上山男嶽」と記してあり、その下に「三ヶ所神社奥宮、二上山稲荷神社、二上山山神社、二上山乳ヶ嶽水神社」と書いてある。どうも、この山は少々複雑なようだ。

かつて、霊山として人々は二上山をあつく信仰していた。その山中には二上大明神の社があったが、山深く雪が多かったため、参拝に行くことが大変だったそうだ。それでは、と麓に里宮を建てようということになり、山の北側と南側のどちらに建てようかという話し合いになった。しかし、天孫降臨の地なので南北どちらも譲らない。それならば両側に建てようとなり、南の五ヶ瀬側に「三ヶ所神社」、北の高千穂側に「二上神社」が建てられたという。

看板の先に木造の鳥居が見えた。「三ヶ所神社奥宮」と書いてある。ここは、登山道だけでなく参道でもあるのだ。そのすぐ先にはお地蔵さんが祀られ、近くに案内板が置かれていた。

この場所は「杉の越」と呼ばれる峠で、その昔は交通の要所だった。西南戦争では西郷軍も通っていたらしい。そのころから、このお地蔵様は通行人を見守ってくれている。祠の中を覗いてみると、よだれかけが似合うお地蔵さんという印象ではなく、悪さをしないように見張っているような雰囲気だった。

カサカサと枯れ葉が揺れる音を聞きながら雑木林を歩いていくと、葉っぱが落ちた木々の向こうに男岳（一〇八二メートル）の山頂が見えてきた。ほどなくして広場が出てきた。この先にある奥宮まで登るのが困難な場合は、ここから参拝することとなる。

春や初秋の賑わう時期は大勢の人が訪れるのだろうが、中途半端な季節だから一人もいなかった。手入れに入る人もいないようで、草も伸び放題だ。しかし、私はこんな時期が大好きだ。本来ある山の姿を感じることができるし、人の気配がない分雑念がなくなる。

参拝所を過ぎると、そこからは階段や急坂が続いている。山登りと考えれば大変なことではないが、お参りとなると楽な道ではない。しかも、崖にへばりつくように

女岳３合目付近に鎮座する二上神社

三ヶ所神社奥宮への入り口

登ることになるので、高所が苦手な人にとっては苦難となるだろう。

時間にして一〇分位だろうか、息を整えようと足を止め、先を見上げた。その先に社が見える、すぐそこだ。まるでゴツゴツした肌色の大きな崖に守られているかのように、奥宮が鎮座していた。

社の前に少しスペースがあり、そこから南側に連なる山々の一望が見わたせた。手書きで書かれたような案内板があり、照らし合わせてみると「諸塚山《もろつかやま》」（一三四二メートル）という表示があった。秋元集落を歩いたときに「行くべし」と決めた山だ。諸塚山は、どれが山頂なのかが分からないほど横に長いなだらかな山容だった。その姿を頭に入れた――次に行くときのために。

社の横の登山道を入っていくと赤い鳥居が続いていた。その先に「二上山稲荷神社」と「二上山山神社」への分岐があるが、山頂方面へと進んでいく。ここからはロー

奥宮への最後の階段

男岳９合目、崖の途中にある奥宮

プが張られており、かなり狭い急な登山道となる。二上山は登り口から標高差にして二〇〇メートルほどだが、あなどってはいけない。山頂は尖って見えたわけだから、急な登りでも不思議ではないのだ。

滑り落ちないようロープを使って慎重に登っていくと、道がなだらかになり、森の様子も変わってきた。鮮やかな黄緑色の広葉樹林が立ち並び、ブナの大木が姿を現した。何と言っても、私は無類のブナ好きだ。樹皮のまだら模様も好きだが、黄緑色の葉が広がったときの山の色がたまらない。陽が差さない曇りの日でも、黄緑色が反射して森全体を明るく照らしてくれる。

スキーヤーでもある私は、森の中を滑ることが大好きだ。落葉広葉樹のブナが冬に葉を落としはじめると、森は雪に包まれる。ブナは枝葉を横に広げているので、木々の間隔が広い。白い雪で草が姿を消すと、そこに広いスロープが現れ、スキーヤーを迎え入れてくれる。私

諸塚山

10基ほどの赤い鳥居が続く

たちは、これを「ツリーラン」と呼んでいる。

久しぶりのブナの感触を味わいながら歩いていくと、ほどなくして標高一〇八二メートルの男岳山頂に到着した。天孫ニニギノミコトがこの山に降り立ったとき、ニニギの瞳には何が映ったのだろうか。思考をめぐらせたかったが、草木に覆われて眺望はなかった。

しかし、私は今、ニニギノミコトが「えいや！」と声を上げ、初めて日本列島に降り立ったとされる峰に立っている。思わず腕を組み、「ふむ、ここはよい場所じゃ」と独り言をつぶやいてしまった。

山頂の先には東峰の山頂があるようだが、そこには寄らずに下山することにした。途中、二上山山神社に寄って、お礼を言って登山口へと戻っていった。

大パノラマが広がる女岳

女岳の登山口は、同じ六峰街道沿いの、そう遠くないところにある。登山口というよりは、展望台の入り口であった。この季節は葉を落とし、枝が剥き出しになった木々や、黄金色に染まったススキに埋め尽くされているが、春になるとアケボノツツジの群生がこの山をピンク色に染めると聞く。今度訪れる季節は絶対春の花々の時期にしよう、と思いながら歩きはじめた。

丸太造りの階段が整備され、若干のアップダウンを繰り返すこと一五分ほどで到着する。山頂には鉄柱造りの立派な展望台が設置されており、そこは三六〇度の大パノラマが広がっていた。

高千穂町の奥には祖母山《そぼさん》（一七五六メートル）と傾山《かたむきやま》（一六〇二メートル）が連なり、遠くには九重《くじゅう》の山並みも見える。阿蘇五岳もすべてを見わたすことができ、中岳の火口からはモクモクと噴煙が上がっている。

ここにも誰もいない。目に飛び込んでくる景色のすべてを独り占めだ。澄み切った青空の下で思わず大きく深呼吸をした。そうか、男岳ではなく、こちらの峰が降臨の地なのだ。ニニギノミコトが降りてきたときにこう言ったそうだ。

「この地は朝日がよく差し、夕日が明るく照るいい国だ」

この山を選んだ理由が、ストンと私のなかに落ちてきた。

諸塚山《もろつかやま》

秋元集落を歩いたときに気になって仕方なかった諸塚山、

360度のパノラマ。正面奥が阿蘇五岳

集落とはどんな位置関係なのかを調べてみた。

地形図を見てみると、秋元神社の南に諸塚山があり、その稜線が東西に延びている。二上山の三ヶ所神社奥宮から眺めた、あのなだらかな稜線だ。そして、その稜線からは二つの尾根が延び、秋元神社へと続いている。稜線が肩だとしたら、そこから腕が延び、指先でそっと神社を包んでいるようだ。まるで生まれたてのヒヨコを守るように優しく包み込むその右腕は、急峻な「太子ヶ岩」でできていた。

ここまで分かれば充分だ。あとは実際に現地を歩けば、何かが伝わってくるはずだ。

植生豊かな山頂への道

いくつかの登山口があるようだが、メインとなるのは六峰街道にある西登山口で、標高約一二二〇メートルだ。諸塚山の山頂は標高一三四二メートルなので、ほぼ肩の上を、アップダウンを繰り返しながら歩くようになるはずだ。

登山口には、車が一〇台ほど停められる駐車場があった。二上山と同じように登山道の入り口に鳥居があり、参道になっている。たまたま興味が惹かれる山がそうなのかもしれないが、御神体として存在する山の多さに改めて驚いてしまう。

入り口付近に看板があり、「諸塚山縁起」として由来などが書かれていた。諸塚山にはイザナキノミコト、イザナミノミコトの御神陵であるという言い伝えが残っており、山頂付近には十数基の円墳があると言われている。それが「多くの塚＝諸塚」の由来となっている。

また、筑豊の英彦山、霧島の高千穂峰と並び、古くから修験場として知られており、霊山として崇められていたともいう。

別名もあり、冬は山頂が雪で真っ白に覆われることから「大白山」、山の尾根には七つの峰があるため「七ツ山」とも呼ばれている。


この日は、雲が多少ありながらも青い空が広がっていた。朝早く高千穂の町中を出発したので、風が冷たい。強張る身体で動いてしまうと怪我につながるので、丹念に準備体操をする。とくに単独行が多い私は、ちょっとした不注意が大事故につながる危険がある。身体の準備が整っていないのに歩き出し、足を取られて転んで怪我をして動けない、なんてことはあってはならない。

そして、体操の締めは深呼吸だ。冷えた空気が身体を満たすと、細胞が活き活きとしてくる。

立派な注連縄《しめなわ》がかかった鳥居には「諸塚神社元宮」と書かれていた。山頂の先にある諸塚神社

西登山口のスタート地点

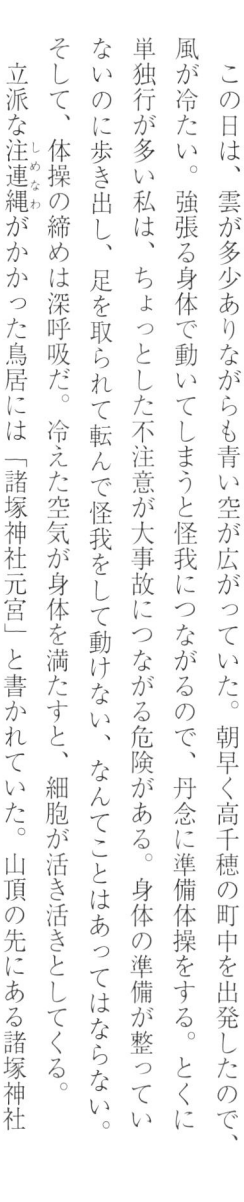

の奥宮だ。もちろん、そこにも寄るつもりだ。

大きく一礼し、鳥居の先に続く木の階段を上っていく。少し上がったところに展望案内板があり、木々の合間から、二上山から見た景色と同じ山並みが広がっていた。祖母、傾、阿蘇、九重、今日の景色も申し分ない。

登山道はきれいに整備されていて、所々に標識があるほか、木の名前を示す案内板が設置されていた。落葉樹の葉っぱが落ち切って、遊歩道が枯れ葉に埋まっていた。根っこや石などが隠されているので、足裏の感覚を高めながら歩いていく。

思ったとおりに小刻みなアップダウンが続くが、息が上がりはじめるころに下りになるので、身体の温まり方もちょうどいい。何回か目の上りになったときだ。木の階段の上を、大きなブナの木がアーチのようにかかっていた。見た瞬間、「鳥居だ！」と叫んでしまった。

「上がらせていただきます」と一礼し、歩みを進めていく。

それにしても多様な植物が生息しており、歩いていて飽きがこない。案内板がしっかりあるので、ゆっくり観察することもできる。そのなかでも、ハイノキやヒメシャラなど、西日本方面で見られる木々は興味深いものであった。実は、ヒメシャラも好きな木のうちの一つである。

以前、屋久島の宮之浦岳（一九三六メートル）に登ったとき、ヒメシャラが群生しているところを歩いたことがある。そのときも、ここのブナと同じように、山の色がヒメシャラのオレンジ色に大きく変わっていた。

登りはじめて一時間ほどで山頂に到着した。広場になっているのでグルっと見わたすことができるが、木々の枝が伸びているので景色を見るのには邪魔となる。葉が生茂る夏だったらもっと見えないだろうから、文句は言えない。

ザックを下ろして歩き回ると、山の案内板があった。汚れがついて読みづらいが、西方面に「祇園山」の文字が見えた。矢印が差す方向に歩き、自由に伸びている枝の隙間に目を凝らしてみると、祇園山らしき、きれいな三角形の山が見えた。

初夏には白い花が咲くヒメシャラ

静寂に包まれた諸塚神社本宮へ

山頂からは看板に沿って本宮方面へと向かい、五分ほど下ると三叉路があった。右に曲がると「郷土の森」を経て西登山口方面となるが、ここは本宮方面へ真っ直ぐ進むことにした。

三叉路から分かれた途端、道が少し荒れてきた。人があまり入らないのだろう。少し下りると

「本宮近道」の看板が出てきた。用意した地図にこの道は載っていない。携帯のアプリでも見てみるが、やはり載っていなかった。少し悩んだが、看板があるから大丈夫だろう、と近道を行くことにした。後にも先にも、この判断が大間違いだったし、初めての山でこのような行為は絶対やってはいけないことである。

身体を真下に向けていられないほどの急坂が続いた。時々ある細いロープを疑心暗鬼になりながら握り、カメのように下りていく。一歩ずつ足元を確認し、滑り落ちないよう集中する時間が果てしなく感じる。

左カーブを少し曲がったとき、眼下に建物らしき姿が見えた。「あれだ！」と喜ぶこともできない。なぜなら、そこに至るまでには、道があるとは思えない急な斜面を下りていかなければならなかった。

「これは神様が私に与えてくださった修行なのだ」と心で何回も唱えながら、なんとか本宮にたどり着くことができた。喉がカラカラになっていることに、ようやく気付いた。

本宮は崖の途中に鎮座していた。お社の正面にはスペースがほとんどなく、写真を撮ることができないほどだ。しかし、小さいながらも龍の彫刻や花の絵が施され、質素な美しさがある。

社の反対側には「北登山口」の看板があり、その先の崖にはロープが張ってある。北登山口も立派な参拝ルートだから、そこから登ってくる人もいるのだろう。ここは修行の山なのだ。秋元神社の岩壁と同じく修行の場所なのだ。

社の横にある「御由緒」を読み、すべてが腑に落ちた。

多くの古墳があるこの山は、古来より神山として住民に敬われてきた。その諸塚山の南側九合目に、「諸塚大白太子大明神」として大切にされていたお宮がここなのだ。御祭神は天孫降臨以前の天神七代の祖神十三柱を含み、二十八柱と大変多い。このような高天原《たかあまはら》時代の神を全部祀ったお宮はほかに例がないという。

山頂には東西に諸神を遥拝する神社があるほか、修験者の道場としての意味合いもあり、信仰の霊山だった。

一九一〇年に山頂より麓の諸塚村の立岩地区に移転し、付近の小社と合社されて「七ツ山神社」と改称された。その後、一九二五年に再び「諸塚神社」と改称され、現在の麓の神社に至っている。当時、ここ宮跡にはわずかに石祠が残されていただけだった。しかし、諸塚山信仰は根強いものがあり、昭和末期頃から元宮再建の気運が高まっていった。さまざまな悪条件を克服し、一九九〇年に総檜造り銅板葺の宮居が建立されることになった。それがこの本宮なのだ。

本宮の彫刻

北登山口へ。滑り落ちそうな斜面を進む

社の横には「神武天皇遊幸伝説地」の記念碑が建っていた。恐ろしく静かだった。社の前にある小さなスペースに佇み、遠くを眺めてみた。その目線の先には、遥か彼方へと山並みが続いていた。

本宮を後にして

帰りは、もちろん正規ルートを戻ることにした。山頂にある案内版に沿っていく。この道もあまり整備されていないが、崖ではないので安心して歩いていくことができる。

高低差のあまりない道をしばらく行くと、ひっそりとした森の空間に鳥居が佇んでいた。そこには古びた木の額が掛かり、「太白山諸塚神社」と記されていた。

お札を言って鳥居をくぐると急に安心感が広がり、お腹が空いていることに気付いた。少し休もうかと思ったが、ここで腰を下ろしてしまうとこの先歩けなくなってしまいそうなので、もう少し進むことにした。

西登山口からの正規ルート

その先は急な上りだったが、道を巻きながら登っていく。こんな標高差をほぼ垂直に下ったのだから、よく無事に行けたものだと改めて思う。しかし、まだ登山が終わったわけではない。もう一度、心を引き締めた。

三叉路が出てきた。そこからは、整備された登山道の道が続く。さすが「郷土の森」と謳っているだけある。ブナやミズナラなどの明るい落葉広葉樹の森を歩いていく。二上山で出合ったブナの大木クラスがあちこちに佇み、思わずため息が出てしまう。大好きなブナたちに囲まれているからだろうか、いつの間にか震えていた心が消え去っていた。

七合目あたりで、往きに歩いてきた道と合流した。展望案内板まで着いたところで腰を下ろすことにした。ようやく休憩だ。持ってきたおにぎりを頬ばり、お茶を飲むと、身体中に暖かさが広がってきた。

樹齢150年以上の天然林が広がる

案内板をよく読んでみると、「アケボノツツジの群生地」と書いてある。春に咲き乱れるピンクの花に想いを馳せながら、朝に見た山並みを改めて眺めることにした。

祇園山

九州発祥の地として伝わる祇園山は、地殻変動によって生まれたという。海から顔を出し、最初に陸地になったのが祇園山で、「九州最古の山」とも言われている。その理由として、「祇園山層」と名づけられた地層からは、数億年前のクサリサンゴや三葉虫などの化石が出土している。

山頂は明るく開けているというが、複雑な地形をもつ急峻な山らしい。六世紀前半に創始されたと伝わり、気の遠くなるような長い年月の歴史を見てきた祇園神社。その御神体である祇園山とは、いったいどんな山なのだろうか。

西南戦争の傷痕が残る大石越え

祇園山への登り口は「大石越え」にある。高千穂町から行くと国道２６５号線を祇園神社方面へと進むことになる。途中の「神社入り口」を通り越し、南へ進んでいく。しばらく進むと「白滝」という看板が出てくるので、そこを左へ入る。

「祇園山・登山口」という小さな看板があるが、見落としてしまうほど小さかった。そこからは林道というだけのことがあって、すぐに民家がなくなった。右へ左へと次々にやって来るカーブに注意を払いながら、どんどん上がっていく。

「大石越え」というくらいだから昔の街道なのだろうが、ここを歩いて越えていたことを思うと頭が下がる。一方、道に沿って電線が延びている姿を見ていると、人類の英知とはすごいものだと思ってしまう。

道が少し開けたところに出ると、道路沿いに看板が見えた。それには「大石越え」の説明が書いてあり、横には登山道らしき人の踏み跡が続く道が見える。キョロキョロと見回すと、少し手前に、「祇園山二キロ」と色あせた文字で書かれた木の看板を見つけた。登山届けを出す箱などもなく、まるで裏山に遊びに行くような気分だ。

登山道の少し手前に広場があり、そこが駐車場となっている。その横にある、秋の柔らかな陽差しを浴びてキラキラ煌めくススキの原っぱが私を出迎えてくれた。とても小さな出来事だが、このように自然の歓迎を感じる瞬間が私は好きだ。ひとり旅だからこそささいなことが大切な一瞬になり、旅を彩ってくれるように思う。

車を停め、準備をする前に、まずは「大石越え」の説明を読みに行くことにした。

西南戦争時の薩摩軍が使った「塹壕跡」と掲示されている。官軍と薩摩軍が一進一退を繰り広げていた一八七七年、「最大の激戦」と言われた田原坂の攻防で敗れた薩摩軍は、徐々に追い込まれていった。南へ敗走していくなかで薩摩軍はここに布陣し、鞍岡《くらおか》（宮崎県西臼杵郡五ヶ瀬町）

から進攻してくるであろう官軍を見張っていたのである。

しかし、それより以前の江戸時代は、街道として人々が行き来したり、物資を運んだりと賑わっていたことだろう。そして、江戸時代が終わり、新しい時代に入るなかで戦いが起こり、多くの人がここで亡くなったのだろう。それが今では、人々の安らぎや楽しみでもある登山の入り口になっている。時代の移り変わりはどこでも感じるものだが、塹壕跡で揺らめくススキを見ていると妙に切なくなってきた。

それにしても、至る所に西郷さんの軌跡が残っているのが興味深い。このあたりの歴史にあまり詳しくない私は、西南戦争といえば熊本県か鹿児島県しか浮かんでこない。しかし、高千穂町の三田井《みたい》地区をはじめとして、宮崎県の至る所にわずか一五〇年ほどの昔が残っている。訪れてみないとアンテナに引っかからないことがたくさんある。いつか、西郷さんの敗走路を歩いてみたい。

九州最古の山へ

登山口は見つけづらかったが、道はしっかりと草が刈られていて、きれいに整備されていた。登りはじめるとすぐに「祇園山」の案内看板があり、名前の由来が書かれていた。要約してお伝えしておこう。

平家物語の一節として有名な「祇園精舎の鐘の声、諸行無常の響きあり」。この「祇園精舎」は、昔インドのスダッタという長者が、釈迦とその教団のために建てた最初の寺院の名前である。

日本には仏教伝来とともに伝わり、京都の東山に「祇園感神院」として建てられた。同院の祭神牛頭天王《ごずてんのう》は神格だったことから、日本のスサノオノミコトと習合され、神仏合祀社となった。その後、明治初期の神仏分離により八坂神社と改称されている。

「祇園感神院」のころには、全国各地から修験者が集まり修行したと伝わっている。そのなかの修行者が、現在の「祇園山・山上」に小屋を造り、苦行を重ね、山麓には遥拝所を建てて祈願した。その遥拝所がのちに「祇園神社」となり、それに伴って山上が「祇園山」となった。（二〇〇三年、五ヶ瀬町教育委員会）

あまりの歴史の深さに思わずうなってしまう。歴史がつながるとか、因縁が分かったとか、そういう問題ではなかった。いずれにせよ、ここも修行の山なのだ。

杉の植林に囲まれた尾根道を登っていく。根っこがほうぼうに伸びているので、踏まないように気を付ける。身体を動かしはじめたからか、止まってしまった思考が少しずつ戻ってきた。道がどんどん角度を増していくので息が上がってくるが、その分高度を稼いでいる。ひとしきり登ったところで、大きなアカマツが迎えてくれた。

そういえば、「アカマツがあると松茸がある」と聞いたことがある。そんなことを思い出すと、松茸の香りが漂う気がしてくる。それにしても、ほぼ直登《ちょくとう》で登っていくので、なかなか手強い道である。「急峻な山」と言われている理由が分かってきた。修行の道は厳しいのだ。

登りはじめて一時間くらいで山頂に到着した。標高一三〇七メートル、手書きで書かれた小さな表示がシャクナゲらしき枝にぶら下がっていた。山頂は思っていたより広く、木々の合間からは五ヶ瀬町の市街地を望むことができる。ここも、花の季節に来たら色とりどりの光景が見られるのだろう。

大きなアカマツ

今、九州最初の陸地に立っている。地殻変動などの影響で、この地が最初に陸地になったのだろうが、とてつもなく凄い場所ではないだろうか。九州には、九重《くじゅう》をはじめとして、阿蘇、霧島など日本百名山に数えられる山々がある。多くの人がそれらに登ることに憧れ、情熱を注いでいる。しかし、あまり知られていないこの祇園山が、どの山よりも先に陸地として海から顔を出したのだ。

この地を最初に踏みしめた人は何を思ったのだろうか。いろいろな思いをめぐらせながら、九州最初の陸地である綺麗な三角形の頂点に、私はしっかりと足跡を残した。

帰りは同じ道を下っていく。急な下りなので慎重に歩を進めるが、急な分、あっという間に登山口に着いてしまった。時間が早かったので、「大石越え」を挟んで反対にある「揺岳」（一三三五メートル）へ登ろうかと思ったが、止めることにした。祇園山で感じたことだけを大切にして、心に刻んでおくことにした。

車まで戻り、お湯を沸かしてコーヒーを淹れた。ゆらゆらと揺らめくススキを見ながら飲むコーヒーの味、格別だった。

山頂のシャクナゲ

祖母山《そぼさん》

そもそも「百名山」というものにさほど興味をもっていない私なので、祖母山という存在をあまり知らなかった。何となく目にしたとき、面白い名前だな、と思った程度だった。しかし、高千穂に訪れるたびに「祖母山」という文字を目にするようになり、気になる山の一つとなっていった。

祖母山とのご縁はなかなか恵まれなかった。行きたいと思っても、タイミングが合わなかったり、天気に恵まれなかったり、と拒《こば》まれるときがある。不思議なもので、そのようなときに無理をするとろくな目に遭わない。

高千穂を訪ねるようになって四回目、やっとご縁が結ばれることになった。

初代天皇のおばあちゃん（？）の故郷

祖母山は高千穂町と大分県竹田市、豊後大野市との境に位置する宮崎県の最高峰である。「百名山」でもあることから、季節を問わずに多くの登山者が訪れている。祖母山をはじめとした傾山《かたむきやま》や大崩山《おおくえやま》（一六四四メートル）などの山岳地帯と、高千穂峡や藤河内渓谷などの景勝地が

「祖母傾国立公園」として指定されていることもその理由だろう。

私が登りたいと思ったきっかけは、これではない。祖母山は、初代天皇である神武天皇のおばあちゃん、トヨタマヒメ（豊玉姫）の故郷だと伝わっているからだ。山頂には、「祖母岳明神」としてトヨタマヒメを祀る祠があるという。

ニニギノミコトの息子ホオリノミコト（山幸彦）が、兄とのケンカが理由で「海神の宮」へ行ったことを覚えているだろうか。そのときに出会い、結婚したのがトヨタマヒメである。トヨタマヒメはホオリの子ウガヤフキアエズを産み、その子どもがのちの神武天皇となるわけだが、ここからが面白い。

出産の際、トヨタマヒメは「元の姿に戻って産むから、見ないでね」と言ったのに、我慢しきれず覗いてしまったホオリ。怒ったのか、恥ずかしかったのか、トヨタマヒメはウガヤを置いて海神の宮へ帰ってしまった。しかし、残した子どものことは気になるのは当たり前。トヨタマヒメは、妹のタマヨリヒメ（玉依姫）に子育てを託して、ホオリのもとに送り込んだ。成長したウガヤは、育ての親であるタマヨリヒメに恋をして、二人は結ばれることになる。そして、生まれたのが神武天皇である。ということは、トヨタマヒメは祖母ではなく叔母さんにあたる。現在の価値観で考えてしまうと頭がついていかない。もっとも、これだから神話は面白いと言える。

ともあれ、トヨタマヒメは祖母として神武天皇を見守っていたことに変わりない。神武天皇が

コラム

日本近代登山の父ウォルター・ウェストン（Walter Weston, 1861〜1940）

近代スポーツの発展は、18世紀半ばに起こったイギリスの産業革命と大きなかかわりがある。革命以前、無秩序だったスポーツは、オックスフォード大学やケンブリッジ大学によってルール化や組織化が進んでいった。現在、国際的に行われているスポーツの多くがイギリスで発展していったわけだが、登山もそのうちの一つである。

長きにわたる産業革命下、イギリス人宣教師のウォルター・ウェストンが三度来日している。元々登山家でもあった彼は日本各地の山に登り、『日本アルプス　登山と探検』（岡村精一訳、創元社、1953年）などの著書を出版している。日本の山々を世界に紹介し、登山の楽しみを伝えたことで「日本近代登山の父」と称されている。

特に日本アルプスの探検記を多く残したことから、「日本アルプスを愛した男」とも呼ばれているが、日本アルプスに登る前年の1890年11月６日に祖母山《そぼさん》を登頂している。そのときの祖母山から見た展望の素晴らしさを本で紹介していると言われているが、何という本かは分からない。

高千穂の五ヶ所高原《ごかしょこうげん》には、祖母山の山並みや阿蘇山、九重連山の眺望が望める「三秀台《さんしゅうだい》」という小高い丘がある。そこに、ウェストンが祖母山の魅力を世界に発信したことへの感謝を込めて記念碑が建てられている。また、毎年11月３日には、高千穂町と日本山岳会が「ウェストン祭」を開催している。その日、ウェストンが登ったとされる旧道に近い三秀台では、鐘を鳴らし、献花をするとともに高らかな歌声が響きわたる。

祖母山の山頂に一人佇むと、遥かなる日本の山並みを眺めている彼の姿が目に浮かんでくる。

東征した際、紀州の沖で嵐に遭って船が転覆しそうになった。そのとき、故国の添利山《そほりやま》（祖母山）のほうを向き、海の平穏を祈願すると荒波が収まり、助かったという。

一の鳥居から山頂へ

ご縁を結んでいただいたのは「高千穂山の会」（以下「山の会」）である。一九六七年に発足し、現在も精力的な活動を展開している。その会長である佐藤利治さんにお目にかかったことが、私の「行動」につながった。

登山当日の朝は、車の窓に霜がつくほど冷え込んでいた。まだ一一月の半ばだというのに、北海道より寒いくらいだ。高千穂の町中から車を走らせ、佐藤会長の自宅へと向かう。澄み切った青空に枯れ葉色の山々の陰影がはっきり映り、自然と気持ちが高揚してくる。

佐藤会長の自宅には、「山の会」の会員である人が数名集まっていた。みんな初めて会う人だが、総じて余計な挨拶はあまりしない。信頼している先輩や仲間が連れてきた人物なら心配はない。「同じ山に登る仲間」という共通認識があればいい。あとは、山がつないでくれる。

数台の車が連なって登山口へと向かう。祖母山には登山口がいくつかあり、「山の会」でよく使うのは西側にある「北谷登山口」となる。しかし、このときは工事をやっているとのことで、その手前にある「一の鳥居」から登ることになった。

標高一〇三〇メートルにある「一の鳥居」は、昔、山頂にあった「添利神社」の遥拝所《ようはいじょ》だった。添利神社は、麓にある「祖母嶽神社」の前称である。以前は、この鳥居を経て「心見坂」と呼ばれる急坂を直登《ちょくとう》していたらしい。

一の鳥居は、丸太を組んだ簡素な造りだった。二基の石灯籠を従えた奥に祠があるが、御神体はないという。覗いてみると、確かに石が積んであるだけだった。しかし、その祠を守るように、後ろには大きな栂《つが》の木がそびえている。いや、正面から見ると、栂の木が守るというより、まるで祠をお腹の中に宿しているかのように佇んでいた。

この日の登山は、宮崎県や高千穂町の職員たちも同行することになっていた。祖母山の登山道の一部は「九州自然歩道」にもなっていて、状況確認を行うためらしい。どうやら、「山の会」は行政からも頼りにされているようだ。

本日のリーダーは「山の会」の小笠原募《つのる》さん。黄色の長靴を履いている。以前は登山靴を履いていたそうだが、今ではすっかりこの姿だという。

一の鳥居からは北谷登山口まで林道を歩いていった。平坦な日陰の道なのでなかなか身体が暖まってこないが、自己紹介などをしながらテンポよく三〇分ほど歩くと、こぎれいな広場に到着した。そこには立派な東屋があり、トイレも備えられているのでありがたい。すっかり身体も暖まり、ギクシャクしていた関節も滑らかに活動しはじめていた。さあ、登山の開始だ。

北谷登山口からは、距離は短いが急な「風穴コース」と、距離は長いが登りやすい「千間平コース」の二つがある。今日のコースは「千間平」だ。整備された植林地帯のなかを、少しずつ標高を上げながら登っていく。紅葉はすでに終わっていたが、登山道には赤や黄色の葉が落ちていて、足を運ぶのが楽しくなってくる。また、巨大な岩が所々に点在しているのも興味深い。複雑な火山活動があったのだろう。何と言っても、阿蘇山が近くにある。

長靴姿の小笠原募さん

それにしても、小笠原さんの慣れた山歩きには目を見張ってしまった。長靴だというのに、足元の安定感が素晴らしいのだ。次から次へと倒木や岩を乗り越え、自分の好きな場所に自由自在に飛び移っていく。その軽快な足さばきを見ていると、子どものころに大好きだったテレビアニメの『まんが猿飛佐助』（東京12チャンネル、一九七九年）を思い出してしまった。その主人公と年齢は違うが、山の中を縦横無尽に歩き回る魂がシンクロしていた。

初対面の方々と登る初めての山に、私は多少なりとも緊張していた。しかし、一人だけ参加し

コラム

高千穂山の会

会が産声を上げたのは1977年。当時、「山を登る会」という存在はあったそうだが、あまり活発な活動はしていなかった。そんななか、現在「道の駅・高千穂」の館長をしている佐藤利治氏が、「山に登りたい」、「山の楽しさを教えたい」との思いから「高千穂山の会」として再編した。月１回の定例会を開催するほか、「山の会便り」という通信を発行している。その数、480号にも上っている。また、数年前に40周年を迎え、記念誌とDVDも作成しているという歴史のある登山会である。

発足後、すぐに宮崎県山岳連盟に加入し、祖母山《そぼさん》を中心に登山技術の習得や救助訓練をはじめ、登山の普及活動を行っている。特に、ボランティア活動への取り組みが素晴らしい。「山はきれいに」をモットーに、ゴミ袋を持ち歩いている清掃登山者の姿が常に見られるほか、登山道を塞いでいる枝や倒木の整備、草刈りなども会員総出の行事となっている。

初めて登る山の場合、道標や道が分かりづらいことがある。今回、祖母山に登ったとき、会員たちが「この道が分かりづらい」とか「リボンを結べば道が見つけやすい」などと話しながら登山客目線で整備を行っていた。現在の会員数は22名ほど。高齢化しているとはいえ、最近では役場勤めの若い人の入会もあるそうだ。学校登山への協力や高校総体への支援など、若い世代の育成にも積極的に協力している。こうした活動が月日を経て実を結び、若い世代へと引き継がれていって欲しい。「山や自然とともにある神話」への広がりが楽しみだ。

山の会のメンバー。右から２人目が佐藤会長

ていた女性会員もリズムよく登っていくし、しんがりは佐藤会長がしっかりとサポートしてくれている。単独行が多い私は、ベテランの人たちと歩く機会があまりないので、とても刺激的な時間であった。

四合目を過ぎたところで尾根に取りつく。先頭を歩く人たちから歓声が上がり、何があるのかとワクワクしてくる。登り切ると視界が開け、目の前には阿蘇山や九重連山の大パノラマが広がっていた。今まで登ってきた山からも阿蘇や九重《くじゅう》は見えていたが、その大きさが違うのだ。阿蘇山は、谷の形がハッキリと分かるほど近かった。

このあと、しばらく尾根上の平坦な道を歩いていく。宮崎、熊本、大分の三県境を過ぎると、大きな広場がある国見峠に着いた。葉をすべて落とした木々の上には、目指す祖母山の山頂が望める。山頂まではあと一キロ、すぐそこまで、というところまでやって来た。

てっぺんにあるもの

国見峠からは急な上りになるが、難しい道ではない。立派にできあがった霜柱をザクザクと壊しながら、滑らないように気を付けて登っていく。登山開始から約三時間、標高一七五六メートルの「祖母山山頂」に到着した。山頂には別の登山客がいて、お昼を食べたり、景色を見たりと、思い思いに時間を過ごしていた。

スペースはさほど広くないが、眺望が素晴らしい。傾山《かたむきやま》に本谷山《ほんたにやま》（一六四三メートル）、そこに延びる縦走ルートもハッキリと見える。北東に延びる障子尾根の縦走ルートの山並みも見事だ。障子尾根とは、岩場、やせ尾根、崩壊地と、難所のフルコースのような場所である。後ろを振り返ると、高千穂町方面には今まで登ってきた山々が延々に続き、山の終わりが見えず、雲に溶け込んでいた。

しかし私には、その山並みよりも、反対に広がる大分県側の平野に釘づけとなった。いや、正確にいうと平野に驚いたわけではない。祖母山を境に、山並みと平野がはっきりと分かれている光景に驚いたのだ。

春夏秋冬、私は日本国内のみならず海外登山やスキー遠征に出掛けている。その際、必ずと言ってもいいほど斜面を眺めては、「ここは滑れるかな」とか「どのラインを攻略したら面白いかな」などと考えている。要するに、登山道や山頂から見える山の斜面をスキーで滑ることができるのか、そこをどのように滑ったら面白いだろうかと想像しているのだ。

第５章で記した二上山への登山で、ブナの大木を見つけたときのことを思い出していただきたい。あのとき私は、大木の周りに広がる斜面を見ながら、実際にスキーで滑っている姿を妄想していた。

ほかにもこんな経験がある。二〇一一年三月一一日に発生した東日本大震災のあと、東北を旅して白神山地を訪れたときのことだ。世界遺産地域のブナの原生林をひと目見たく、白神岳（一二三五メートル）に登った。このときに眺めたブナの巨木の森が忘れられず、「いつか必ず、世界遺産地域のブナツリーランをする！」と心に決め、そこからご縁をたぐり寄せて数年後に実行している。

話はどんどん広がるが、一般人が居住する世界最北の地・スバルバール諸島（ノルウェー領）を訪れたときのことだ。そこには、旧ソ連が管理していたピラミーデン（北緯約七八度）という、現在は廃止されている炭鉱があった。その鉱山であるピラミッド型の山に登ったとき、どこまでも広がる氷河と樹木が一本も生えていない雪山の景色が忘れられず、いつか必ず滑りに行くことを決心している。もちろん、これが実行に移されるのはまだ先のことになるだろう。

このように、旅をしているとき、斜面を見つけてはスキーができるかどうかを考えながら山を見ているわけだが、海外を旅しているときに強く感じるのが日本の里山の素晴らしさである。前述したように、日本の約七割は山と言われているが、海外との大きな違いは山と海が近いことだ。日本の山を登れば、山頂から眼下に町が見えたり、遠くに海が見えたりするのだが、海外の登山では決して当たり前のことではない。そして、何よりも、日本の山は豊かな森によって彩られており、里山としての存在を際立たせているように思う。

祖母山の山頂を目指し登っているとき、キョロキョロしながら斜面を眺めては滑れるかどうかの品定めをしていた。山頂に着いたら、斜面を探してみようとワクワクもしていた。しかし、山頂から見た景色は、今までの私が知っている日本の様相ではなかった。宮崎県側には幾重にも連なる山並みが広がっているが、祖母山を境に、大分県側へ向けて山が終わりに近づき、その先には広大な平地が広がっている。斜面がないわけではないが、山の終わりがあまりにもドラマチックで、衝撃的で、斜面探しは吹き飛んでしまった。

しばらくの間立ち尽くしてしまったが、ふと我に返ると、一番の目的だった祠を目にした。祠らしきものは全部で三つある。そのうちの一つにはお地蔵さんがいて、お酒が供えられていた。「どれがタマヨリヒメをお祀りした祠なのですか？」と佐藤会長に尋ねると、「正面が開いているやつ」と教えてくれたが、よく分からなかった。

はっきりと知りたかったので、再び尋ねようかと思ったが、なぜかこれ以上聞いてはいけないような気がして口をつぐん

国見峠から祖母山を望む

でしまった。あまり深入りしてはいけないという直感とともに、今見た景色に心がとらわれてしまい、集中できなかったのだ。三つの祠に手を合わせ、念願かなって登頂できたことへのお礼と、心が違う方向に向いているお詫びを唱えた。

また登りたい山

山頂は風もなく、陽も差して穏やかだった。朝の寒さが嘘のようだ。小一時間ほど休憩を取り、下山をはじめようとしたとき、不意に小笠原さんがお供え用にと誰かが置いたお酒の蓋を開けて祠にかけた。

「ここに残しておいてもゴミになるだけだからね」と言って、カラ瓶をゴミ用の袋へ押し込める。あまりにも普段どおりの姿が美しかった。地元の人たちは、このようにして神々とつながっている。

登ってきた道を戻っていくが、途中取りついた尾根から先は一の鳥居を目指していくことになった。元々あった一の鳥

大分県方面

居からの旧道だが、しっかりと整備をしたそうだ。道幅は広くないが、周りの笹が刈られている。このような作業も、「山の会」がボランティアで行っている。

山に行けば道があるというのがつい当たり前と思ってしまうが、そんなことがあるはずはない。たくさんの人たちの大変な努力があり、山の環境が保たれていることを忘れてはいけない。

「日本百名山」でもあり、宮崎県の最高峰でもある祖母山。神話ともつながりがあるために多くの人びとが訪れている。決して派手な山ではないが、地元の人に守られ大切にされ、海外の名だたる山とも引けを取らない凛とした風景をもつ山だった。山頂から見たあの景色は私の脳裏に深く刻まれ、「また来たい」と思える数少ない山の一つになった。

祖母山伝説①——竜駒《りゅうごま》伝説

祖母山は歴史が深く、土地の人々にとって大切な山である。先に述べたトヨタマヒメにまつわる神話だけではなく、代々伝わっている伝

目印として木々にリボンを結ぶ

お供え用のお酒を祠にかける

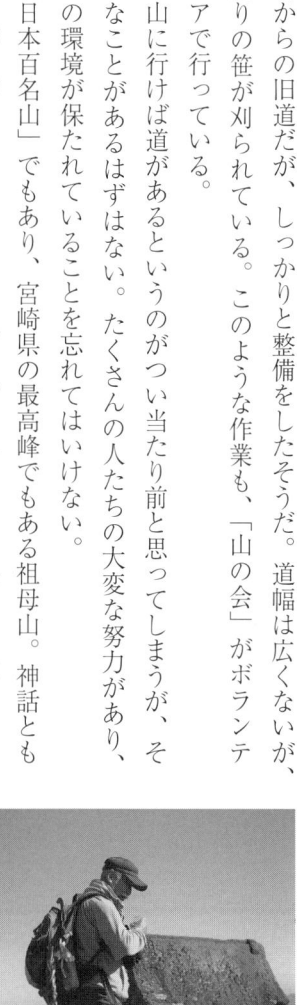

説があることからもそれはうかがえる。まずは「竜駒伝説」について、大分県の登山家である加藤数功氏と立石敏雄氏が編者となっている『祖母・大崩山群』（しんつくし山岳会、一九六一年）に書かれている話を要約してお伝えしよう。

昔、祖母山の山頂は山神の住む聖地として女人禁制だった。しかも、山頂一帯では一切の伐採が禁じられていた。そこには、山神として神馬が一頭いたそうで、「竜駒」と呼ばれ、頭に角が生えていた。山頂の南側、奥祖母新道から一〇〇メートルも下ると、尾平《おびら》(2)の急な谷に向かって左側に岩屋のようなものがある。そこが竜駒の馬屋だった。その馬屋を探せば、現在でも馬の毛が落ちていて、持ち帰ると幸運が訪れるという。

また、北側のピークを「お花畑」と言うのだが、ここで竜駒が草を食ったと伝えられており、付近のスズタケを持ち帰って馬に食わせると病気をしないと言われている。

かつて、高千穂町の五ヶ所集落にある佐藤家に一頭のブチ馬がいた。この馬のところに竜駒が時折下りてきて、一緒に遊んでいたそうだ。いつの間にかブチ馬に仔馬が生まれ、その仔馬の頭に一角があった。「この馬は最近（明治初年）」まで生きていて、見た人も多かったという。馬の死後、角は佐藤家の家宝として保存されていたが、借金の形《かた》になり、行方不明となってしまった。

それが、大分県の河野さん宅の家宝として大切に保存されていたことが分かり、今は高千穂町の「歴史民族資料館」に寄贈されている。

祖母山伝説②——大蛇伝説

もう一つの伝説は、高千穂町老人クラブ連合会が著した「高千穂の古事伝説・民話」（七一ページ参照）に書かれていた「大蛇伝説」である。同じく、要約する形で紹介する。

昔、祖母山の麓に塩田という村があった。その村の庄屋には美しい娘がいて、大切に育てられていた。年頃になると、毎晩のように烏帽子姿の気品ある若者が訪れるようになり、恋仲になったそうだ。しかし、その若者は、娘がいくら尋ねても、名前も住まいも告げることがなかった。そうこうしているうちに娘のお腹が段々大きくなり、困った娘は乳母に相談した。乳母は、「若者が帰っていくときに、気付かれないように長い糸のついた針を襟に刺しておくとよい」と言い、娘はそのとおりにしたという。

夜が明けると、娘はその糸を辿っていくことにした。すると、糸は祖母山の中腹にある大きな

（2）　現在の大分県豊後大野市で、かつて鉱山があった。

窟に入っていく。娘が中に入ると、人間とも獣とも分からない大きな呻き声が聞こえてきた。怖いもの見たさから奥へ進んでいくと、喉に針が刺さってもがき苦しんでいる大きな蛇の姿があった。娘は怖さを忘れて駆け寄り、その針を取ってやった。すると蛇は、「ありがとう。私はこんな姿だったから、あなたに何も告げることができなかった。今は姿を見られてしまったから、すべて話しましょう」と言い、話を続けた。

「私は祖母岳大明神の化身なのです。あなたのことがあまりにも好きになり、側へ行きました。あなたはやがて男の子を産むでしょう。そして、その子は大きくなったら、九州一の武将になるでしょう」と言い残し、息を引き取った。

やがて娘は男の子を産み、大蛇が言い残したとおり、九州一の武将になったそうだ。その武将には、高千穂太郎はじめとして九人の男の子が生まれている。前述したように、高千穂太郎（九二ページ参照）は三田井《みたい》家の養子となり、高千穂郷の繁栄の礎を築いた。

第6章

神楽《かぐら》の町を歩く

高千穂夜神楽

日本人に流れるもの

子どものころ、年に一度秋に開催される神社のお祭りが大好きだった。町のあちらこちらにポスターが貼られ、商店街がお祭りの飾りで彩られるとワクワクしてきて、興奮が止まらなくなった。何と言っても夜遊びができるし、親と一緒ではなく、友達同士で出掛けるという許可が下りることもうれしかった。

いつもは鬼ごっこや缶蹴りなどをして遊んでいた近所の神社が、様変わりするという光景も刺激的なものだった。夜店が立ち並び、煌々とした灯りのもと、人々の熱気と笑い声が響いてくる。焼きそばのツンとしたソースの匂いや綿飴のトロリとした甘い香りが満ちあふれ、誰もが高揚していた。こんな秋祭りを心待ちにしていた。

眼をつぶり、記憶を遠い過去へと飛ばしてみた。

「ドンドンヒャララ、ピーヒャララ」

どこからかお囃子のリズムが聞こえ、自然と身体が熱くなり、心臓の鼓動が波打つのを感じてしまう。日本人には、そんな血が流れているように思える。

田中創さんを紹介してくれた四国の友人は、香川県の出身である。県は違うが、阿波踊りによく行っていたらしく、たびたびその話を聞かされてきた。ある年、その友人から阿波踊りに誘われた。しかも、観に行くのではなく参加するという。

「踊る阿呆に見る阿呆、同じ阿呆なら踊らにゃ損々」、もちろん二つ返事で参加を決めた。

当日、徳島に着くと、町が異様な熱気に包まれていた。人の多さもさることながら、町のあちらこちらで、いくつもの「蓮」（踊り子のグループ）が出番までの間に踊りの練習をしていた。しかも、蓮ごとに踊りの鳴り物（楽器）を響かせ、そのダイナミックな音が共鳴し、町中に渦巻いていた。太鼓や鉦の響きにゾクゾクと背中がそそられ、踊り方など知らないのに、身体が動きたくてたまらないといった感じである。「日本人なのだ」と、強く感じた瞬間である。

高千穂神社で観た「観光夜神楽」が妙に心に残ったのも、言葉ではなく、心や身体で感じていたからなのかもしれない。

そもそも神楽って何？

神楽とは、神社の祭礼時に行われる神様に奉納する歌や舞のことである。その由来には諸説あるが、「神様が宿る場所」という意味の「神座《かむくら》」の前で行う祭りを意味するという説が有力となっている。

「神楽」という言葉が登場した最古のものは『万葉集』（七五九年頃）と言われている。しかし、当時はまだ神楽としての形ではなかったらしい。文字として登場するのは『古語拾遺』（八〇七年）のなかにある「猿女君氏、神楽の事と供えまつる」という記述になる。猿女君《さるめのきみ》というのは、アマテラスが岩戸隠れされた際、天岩戸の前で踊ったアメノウズメの末裔である。このアメノウズメの踊りが後世に伝わるさまざまな「芸能のはじまり」とも言われていることから、神楽の発祥にもかかわりがあると考えられている。

簡単に考えると、神話のなかで展開されたアメノウズメの踊りが火種となり、神楽や芸能がはじまる。それを、アメノウズメの末裔である猿女君が伝え広めたということだろう。

話はそれるが、岩戸の前で神々を熱狂させたアメノウズメの舞には面白い逸話がある。アメノウズメは桶を裏返し、その上で足踏みをしながら舞を披露したそうだが、その足踏みは、「てんてこ、てんてこ、てんてこ、てんてこ」と、それは忙しいリズムだったそうで、そこから「てんてこまい」という言葉が生まれたという説があるようだ。日本語の成り立ちについても神話とのかかわりがうかがえ、興味深いところである。

現在、神楽は、宮中で行われる「御神楽」と民間で行われる「里神楽」に大別されている。里神楽は、かつて巫女、神主などといった神職や山伏によって伝承されてきたが、明治以降は民間でも広く行われるようになった。また、里神楽は特徴によっていくつかに分類されているらしいが、今はまだ研究段階のために不確実なものとなっている。しかし、分類がどうとかは関係なく、日本全国、各地域でさまざまな特色をもった神楽が伝承されてきている。大切なことは、変化を遂げながらも、現在まで脈々と続いているという事実である。

子どものころから身近に存在する日本古来の芸能や神楽だが、当たり前に存在するからこそ知らないことがたくさんある、ということも興味深い。

伝統文化の継承

国の重要無形民族文化財に指定されている高千穂の夜神楽の歴史は深い。古くは平安時代から鎌倉時代までさかのぼると考えられ、一一八九年の「十社大明神記」（高千穂神社所蔵）に記されているそうだ。

厳しい農耕生活の時代、気候風土に左右されながら人びとは暮らしていた。氏神様はじめとして、山の神様や水の神様などに祈りを捧げることは大切な祭事だった。当時は、「七日七夜の御《ご》神楽《じんらく》」と記されていることから、一週間もかけて行われていたことが分かる。それが「三日三夜」になり、現在の「一日一夜」へと変わってきた。その年の収穫への感謝と翌年の豊作祈願、また冬の鎮魂儀礼として、毎年一一月中旬から二月初旬にかけて集落ごとに行われている。

江戸時代の末期頃までは、高千穂神社の神職が「社人」（現在の「ほしゃどん＝奉仕者」と同じ意味。後述参照）として、神社で奉納していたと考えられている。その後、地域住民によって行われるようになり、四〇ほどの集落が五つの系統に分かれた。今でも、五つの系統ごとに舞の形式などが少しずつ違うそうだ。おそらく、神楽舞の師匠が違うためではないかと推測されている。

時代の流れのなか、戦争の影響などで減りつつも、現在は約一八の集落で行われている。一方、それ以外の集落では、高齢化などの問題から夜通し行うことが大変となり、「日神楽《ひかぐら》」と称して催されている。日神楽とは、日中に「式三番」と呼ばれる神楽を中心にして奉納するものである。形を変えたとしても、神事を執り行い、継承している姿は素晴らしいのひと言である。

夜を徹して行われる奉納の舞は、実に三三番もある。神話に携わるものから、豊穣祈願や子孫繁栄など多岐にわたっており、笛や太鼓のリズムと一体となって繰り広げられる物語が多くの人びとを魅了している。その演目を表にして紹介しておく。

高千穂では、「踊る」ではなく「舞う」と言う。踊りは見せるもので、「舞」とは奉納するものだからだ。また、舞手や楽器奏者のことを「ほしゃどん＝奉仕者」と呼ぶ。「ほしゃどん」が舞うときに着ける神面は「おもてさま」と称し、神そのものとなる。村人たちからあつい信仰を受け、大切に受け継がれている「尾迫《おさこ》の荒神様伝説」（一一五ページ参照）を思えば納得できる。また、「おもてさま」を着けない舞もあり、「すおもて舞」と言われている。鎮魂や豊穣祈願、子

表　奉納の舞33番

1	彦舞	10	弓正護	19	八つ鉢	28	日の前
2	太殿	11	沖逢	20	御神体	29	大神
3	神降	12	岩潜	21	住吉	30	御柴
4	鎮守	13	地割	22	伊勢神楽	31	注連口
5	杉登	14	山森	23	柴引	32	繰下し
6	地固	15	袖花	24	手力雄	33	雲下し
7	幣神添	16	本花	25	鈿女		
8	武智	17	五穀	26	戸取		
9	太刀神添	18	七貴人	27	舞開		

授安産の願いを込めて奉納されるそうだ。

かつて、高藤さんの計らいで夜神楽の舞の撮影におじゃましたとき（一四ページ参照）、長きにわたって「ほしゃどん」をされている人にお会いすることができた。そのときはまったく準備ができていなかったこともあり、何を質問したらいいのか分からないというのが正直なところだったが、一つだけ尋ねている。

「舞はどのように継承されてきたのですか？」

今では練習会や手ほどきがあるそうだが、昔は台本も何もなく、言葉のみで伝えてきたという。しかも、師匠が畑の上に足形をつけ、それを辿って足さばきを覚えていたというのだ。いったい、どれだけの時間をかけて、心で感じ、身体で覚えたのだろうか。「心技一体」――これこそが、日本の伝統継承の姿である。神様への感謝と敬う心が伝わってくる。

各集落では、「つりくじ」によって一軒の民家を「神楽宿（夜神楽の会場）」と決め、氏神様をお招きして三三番の神楽を奉納している。「つりくじ」とは、何かを決定する際に神意を問う、古来のくじ引きの一つである。紙にそれぞれの名前を書いておき、一方でコヨリに編んだ紙を用意し、祈願しながら引いていく。すると、紙と紙がくっつき、引かれた家が当たりくじとなるというものだ。とはいえ、「つりくじ」だと時間がかかるという理由から、現在は普通のくじ引きが多くなっているそうだ。

神楽宿に指定されると、それは大変なこととなる。かつては、家を解放して会場を準備し、すべてを円滑に進められるよう一年がかりで整えなければならなかった。しかし、今日では、家の広さが十分でないことから、公民館などで代用することも多くなっているという。

高藤さんから面白い話を聞いた。高藤さんの集落である五ケ村では、氏子の三五軒がくじ引きで神楽宿を決めているそうだ。当たった家は、翌年からのくじ引きに参加しなくてもよく、三五軒が一周すると振り出しに戻り、再び全員参加のくじ引きがはじまるという。たとえば、三〇軒の家があった場合、三〇年が一周なので、三一年目から新しい周期になるというわけだ。

高藤さんのお父さんの時代、その周期の最後までくじに当たらず、最終の神楽宿になったという。その一年が終わり、ほっとしたのも束の間、次の周期では代替わりとなって高藤さんがくじを引いたところ、一番に当たりくじを引いてしまったそうだ。二年続けての神楽宿、それはそれは大変なことであっただろう。もっとも、今では笑い話となっているようだ。

前述したように、現在、高千穂町の各集落では、さまざまな事情によって公民館で行うことも多いそうだ。しかし、大変な反面、神楽宿になるということは誇りでもあるという。その理由として、家を新しく建てる場合、「神楽を舞えるような家が目標」という言葉が今でも聞かれるからだ。

会場のしつらえ

どのように神楽の会場がつくられていくのか、高千穂町のホームページを引用要約する形で紹介しておこう。

祭場となる神楽宿には、その象徴として、弓矢と山冠、立冠、横冠の三本の御幣《ごへい》が棟飾りとして設けられ、竹の器に御神酒を注いだ「かけぐり」が供えられる。庭には、「外注連《そとじめ》」として榊で囲まれた三本の竹を立てる。これは「山」と呼ばれ、神様が降臨する場所となり、天地を表す上下二つの浮き輪が付けられている。

神楽宿の中央の部屋は「神庭《こうにわ》」と呼ばれ、「ほしゃどん」

神庭。天井には高天原を表す「雲」が吊される

が舞を奉納する場所がつくられる。神々は天に近い「山」に降臨し、外注連《そとじめ》を伝わって神庭《こうにわ》に舞い降りるという古来の神事形態のなかで神楽が奉納されるのだ。

神庭は、二間四方の内注連《うちじめ》でつくられている。四畳分の広さの内側に注連縄が張られ、「ほしゃどん」や世話役である「なかぜ」以外は立ち入り禁止の聖域となる。神庭は神前を東と定め、太鼓の座が南、外注連のほうが西で「幣の上《ひ》」と称する。東の神座《かむくら》には、皇大神宮の「筥宮《はこみや》」を中心に「おもてさま」を置き、御神酒や米、野菜、餅などが供えられる。

四隅には竹と榊を立て、注連縄と「彫り物《えもの》」が飾られ、天井の中央には高天原《たかあまはら》を象徴する「雲(天蓋)」が吊るされる。彫り物《えもの》とは、神庭の四方を囲むように飾られる紙の切り飾りである。それぞれの中央に、鳥居、子宝安産豊穣の湯欅《ゆだすき》が配される。また、家の方位に関係なく神前を東と定め、東に「木」、南に「火」、西に「金」、北に「水」、そして土徳《どとく》の神《かみ》を表す「土」が四方に配される。これは「陰陽五行」という、約五〇〇〇年前に成立した古代中国哲学の思想に由来している。

彫り物《えもの》の下に張られた注連縄は七五三で編まれ、「天神七代」、「地神五代」、「日向三代」(一〇七ページ参照)を意味しており、高千穂独特のものである。高千穂のさまざまな神社で見てきた注連縄を思い出してしまう。その注連縄には、緑赤白の切り紙が結ばれていて、緑は天と水、赤は地と火、白は私たちが住む世界を表している。

一夜かぎりの神遊び——いざ、夜神楽へ

観光夜神楽の思い出から一一年という月日が流れた。記憶の片隅に追いやっていた白装束の幻影を探ろうと、高千穂を再び訪れることにした。

高藤さんの住む岩戸地区の五ヶ村では、公民館ではなく従来の神楽宿で行われると聞き、迷わず五ヶ村におじゃますることにした。高藤家では、親戚、知り合いにかかわらず、毎年多くの人を招き受け入れて神楽の楽しみを広めているという。

「いろんな人がきちょるけど、一緒に食べて楽しんでいかんね」

と言う高藤さん、毎年、裏方として奔走しているらしい。せっかく行くのであれば、最初からすべてを見聞きしたかったので、夜神楽当日の午後早めに着くように向かった。

高藤さんのお宅に着くと、すでに多くの人が出入りをしていた。まずはお母さまに挨拶をし、持参したお酒を神前に供

神楽宿の準備

えた。これは、ルール以前にマナーである。地域の人々が神事として行う祭事に参加させていただくのだから、参加者として礼儀を払うのは当然のことである。ちなみに、初穂料を奉納するのもよいと聞いている。私はといえば、向かう前に町の酒屋さんで「夜神楽で奉納したい」と相談して、準備をしてもらった。

台所では、女性陣が食事の用意などで忙しく働いている。本来ならお手伝いをすべきなのだが、お迎えの神事を見たかったので挨拶だけで失礼させていただくことにした。

その年の神楽宿は、高藤家より歩いて数分のところだった。まだ準備の真っ最中で、こちらでは多くの男性陣が屋根や脚立《きゃたつ》に乗り、会場のしつらえを進めている。何と言っても圧巻だったのが外注連《そとじめ》だ。榊に守られた三本の竹が、二階建ての家をはるかに越えて大空へ向かって伸びている。うろこ雲にまで届くのではないかと思うほ

弓矢と御幣

神様が降りてくる外注連柱・御柱

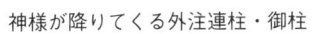

ど、真っ直ぐに伸びる姿が潔い。これを目印に神々が降臨されるということだが、「納得」という言葉しか浮かばない。

一方、屋根の上では神楽宿の目印となる弓矢と御幣を飾っていた。これらが整ったとき、すでに民家としての存在ではなくなり、立派な神楽宿へと変身したことになる。

作業している人々の邪魔にならないように中へ入れてもらった。神庭《こうにわ》が整い、神座《かむくら》にはたくさんの「おもてさま」が飾られている。神庭には、女性は絶対に入れない。立ち入り禁止なのだ。集落によっては、演目の最後に「ほしゃどん」ではない一般男性も神庭に呼び寄せてくれることがあると聞くが、その場合でも女性は入れないという。

なぜか？　理由を知る必要はない。古くからのシキタリなのだ。

中には入れないが、かぎりなく近づき、遠目から覗き込んでみた。すると、誰かに見られているような気分になってきた。たくさんの「おもてさま」が私を見ているのだ。まるで

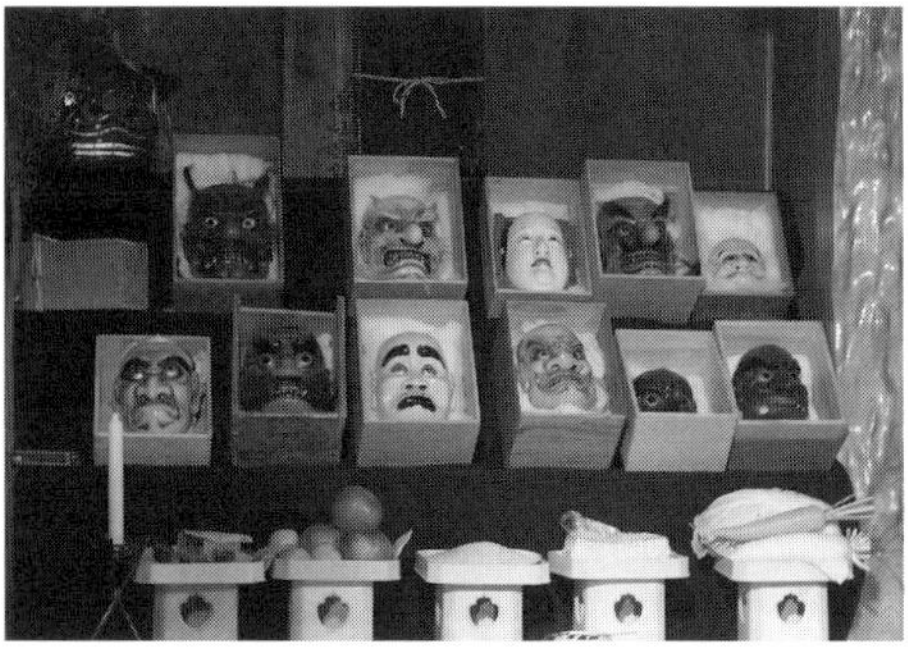
神様として敬うおもてさま

「品定め」でもしているかのように……。すぐ外では、人々が作業をしたりお茶を飲んだりしているのに、なぜか自分だけが違う世界にいるような感覚が襲ってきた。外と空気が遮断され、音も匂いも感じない「無」の世界にいるような感じであった。

「やんがち神迎えがね、はじまるばい」と言われ、ふと我に返って表に出てみた。神楽宿の奥では、家の外に大きな調理台を出し、女性陣が忙しく動き回っている。「ふるまい」の準備だ。

「ふるまい」とは、年に一度降臨された神々と里人が酒や煮物料理などをともに食し、神人一体となる「直会《なおらい》」という儀式である。近年、観光客が増加したことから、交流として「ふるまい」をされる集落も増えているようだが、その接待は神事儀礼の一環であり、各地区によって異なっている。納めた初穂料やご神前はあくまでも礼儀なので、「ふるまい」を要求するようなことは決してやってはいけない。

ほしゃどんたちの華麗な舞

神楽宿の目の前にある道路まで出ると、ザワザワした空気が流れていた。道路の先のほうから神主さんを先頭に氏神様とほしゃどんがやって来た。地元の氏神様をお迎えに行った行列が帰ってきたのだ。

右手に神楽鈴を持ち、左手には弓や剣を持ったほしゃどんたちが、氏神様の周りで見事な舞を披露しながら向かってくる。太鼓と笛のお囃子に合わせてほしゃどんが鳴らす神楽鈴の優しい音色と歌声が、夕暮れ時の山並み向かって響いていく。

氏神様を神楽宿へ迎え入れると、神庭《こうにわ》では神主様が祝詞を読んで「神迎え」の神事が終わる。そのあと、夜を徹して行われる前のほしゃどんや「なかぜ」への「ふるまい」があり、少しの休憩となった。

三〇分ほど休んだだろうか。太鼓と笛の音が響きわたり、いよいよ舞のはじまりだ。岩戸系の神楽は「御神屋《みこや》」という「神庭きよめ言葉」からスタートする。その後、神楽の初めの舞として、「太殿《たいどの》」から三三番まで休むことなく「神遊び」が続いていく。この演目は地域によって異なっているという。

それにしても、若いほしゃどんが多いことに驚いた。二〇代か三〇代と思われる男性たちが、先人たちと一緒に見事な舞を披露している。熟練者の舞は味わい深くて表現が豊かだが、若者たちの舞にはキレがあり、勢いを感じてしまった。

息のあったほしゃどんの舞い姿

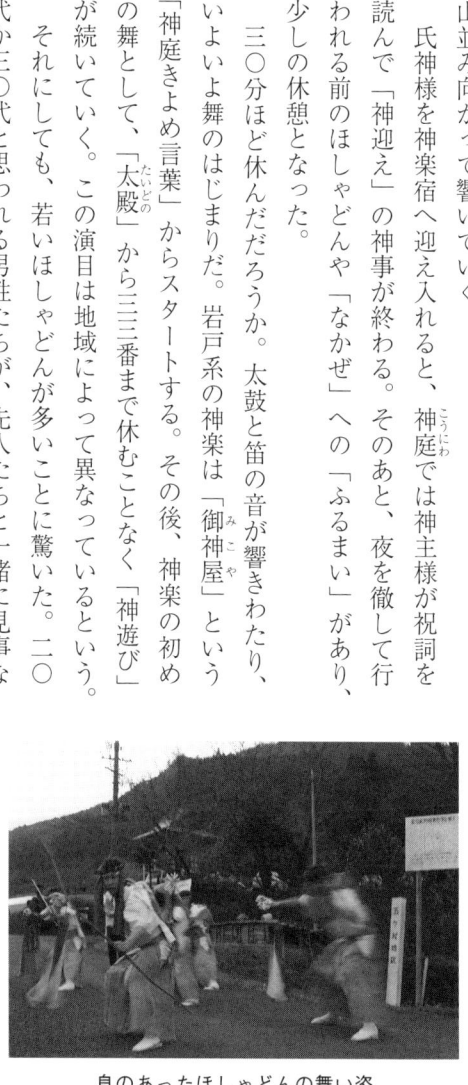

熟練の技と若手のフレッシュさがミックスされ、ほどよい味加減になっている。

しばらく観ていると、一人の若い男性の舞に目が釘付けになった。全身にピンと張った糸がくまなく行き届いているように、その立ち居振る舞いが凛として美しいのだ。笛も吹くのだが、その音色も筋が通っていて雑念が感じられない。

あまりにもこの男性のことが気になったので、終わったあとに高藤さんに尋ねてみた。

その人は五ヶ村の人ではなかった。神楽が好きで、あちこちの集落でほしゃどんの助っ人をしているという。しかし、どこの集落でもというわけではなく、岩戸系の集落のみだという。各系列で演目や舞が少しずつ違うことからも、地域ごとのこだわりやプライドが感じられるエピソードである。

現在、ここのほしゃどんは二五名ほどいるそうだ。二〇名を下回ると交代で回していくのがキツくなる、と聞いた。舞だけではなく笛や太鼓も交代で奏でているので、休む間もなく出番が回ってくるからだ。となると、彼のような若い人の存在は貴重となり、それを育てている地域の姿に頭が下がる。

昔は、ほしゃどんになれるのは長男だけだったそうだ。その時代、女性と出会う機会がほとんどなかったため、この神楽が唯一の出会いの場であり、かつお見合いの場でもあった。男性はカッコよく神楽を舞うことで女性の注目を浴び、また女性たちは舞の上手な男性と結婚することがステイタスだったという。神楽で結ばれた男女が家庭を築き、またその子どもが神楽を受け継いできたのだ。

夜神楽のおもてなし

あたりが暗くなり、夜が更けてくるとだんだん人が集まってきた。最初はまばらだった座敷だが、立ち見になるほど人が増えてきた。それにしても寒い。身体の芯から冷えてくる。神楽宿は扉を取り払い、すべて開け放しているので、冷気がどんどん入ってくるのだ。スキーヤーとして生活する私は「寒さに強い」と自負していたが、高千穂の底冷えはさすがにこたえた。

時刻は夜中の一二時過ぎ、お腹も空いてきたので一旦高藤さんのお宅へ戻ることにした。高藤家にも大勢の人がいて、お酒を酌み交わし、みんなお祭りを楽しんでいる。家の外では火をおこし、高藤さんが「かっぽ鳥」という郷土料理をつくっていた。この料理、夜神楽のおもてなしとしては欠かせないものだという。竹を器にして、その中に醤油とニンニクを合わせたタレと鶏肉、生椎茸、ニラなどを入れ、炭火にかけて煮るという伝統料理である。

高千穂には竹が豊富にあり、そのなかでも真竹の一年物を使うという。竹は適当な長さに切り、節と節の間の一部をくり抜くようにノコギリで切る。このとき、竹を完全に切り離さず、薄皮一枚でつないでおくのがポイントだという。中に具材を入れて火にかけ、くり抜いた竹で蓋をしたときに密閉するためである。

高千穂では、昔から竹の器でご飯を炊いたり、鍋の代わりに使ったりしていた。また、牛や馬の冬場の餌となる「刈干切《かりほしきり》」をつくるとき、秋に草を鎌で切って保存するという作業をするのだが、その際、火をおこして温かいものを食べるために竹を器として使っていたともいう。「竹は神話にも出てくるし、神聖なもの。神々と人々の宴会である神楽を舞うときには欠かせない」と、高藤さんは言う。

待つこと約三〇分。竹の側面から湯気と水分が出はじめると、竹の香りが漂ってくる。冷えた身体と空っぽになったお腹が、できあがりを今か今かと待ち構えている。湯気の勢いが増し、シューッと音が聞こえてきたら完成だ。気を付けながら熱せられた蓋を外すと、醤油とニラの香ばしい香りが鼻腔をくすぐる。寒い夜、このうえない御馳走をいただいた。

神楽宿に戻ると、先ほどよりも大勢の人が来ており、熱気に包まれていた。立ち見になるほどだ。そのなかに知った顔を見つけた。町の中心にある「あすかラーメン」のおかみさんである奥初子《おくはつこ》さんだ。一

かっぽ鳥

手慣れた手つきで器をつくる

番前に座り、夢中になって観ている。高千穂生まれの彼女は大の神楽好きである。

「いつもはラーメンを食べに来てくれる息子みたいな子たちがね、神楽を舞うときはね、カッコよいとよね、それを観るのが何よりも楽しいっとよ」

と、初恋を語る少女のような笑顔で話をしてくれた。

フィナーレへ

三三番ある舞のなかでも「岩戸五番」の人気が高く、終盤の山場となる。天岩戸に隠れてしまったアマテラスがアメノウズメの面白い舞によって岩戸を開け、姿を現すという日本神話を題材にした舞である。

この舞がはじまったころには、夜がすっかり明け、あたりは明るくなっていた。それでも、人は減るどころか、逆に山場を観ようと多くの人でごった返している。ほしゃどんの力強い舞とうねるようなリズムが観客を引き寄せ、会場全体が一体感に包まれていった。

アマテラスが隠れている岩戸を見つけたタジカラオと、岩戸の前で舞うアメノウズメが入れ替わる場面がはじまった。この二柱の神様が同時に出てくることはほかの系統にはなく、岩戸系独特の運びとなる。そして、一番の見せ場であるタジカラオの「戸取の舞」へと続いていく。

ドンドコドンドン！ドンドコドンドン！

岩戸５番の舞①「伊勢神楽」

岩戸５番の舞②「手力雄」

岩戸５番の舞③「細女」

岩戸５番の舞④「戸取」

岩戸５番の舞⑤「舞開」

岩戸５番の舞⑥「舞開」

太鼓の音色が力強さを増し、身体の芯まで響いてきた。

アメノウズメの面白おかしい舞によって神々が大笑いし、それを不審に思ったアマテラスが戸を少し開ける。すると、待ち構えていたタジカラオが、「今だ！」と戸を開けて投げ飛ばし、アマテラスをこの世へと引き戻した。

太陽神アマテラスがいなくなったことでこの世は暗闇になり、「悪」がはびこっていた。アマテラスが再び現れたことで世の中が明るく照らされ、平和が戻り、神々は喜びの舞を披露する件《くだり》へとつながっていく。

年に一度、氏神様と神々を里に招いた「神遊び」も終わりの時間が近づいてきた。フィナーレは「神送り」だ。外注連《そとじめ》から内注連《うちじめ》（一九三ページ参照）を結ぶ道縄を解き、舞い手がそれぞれ左手に引きながら舞う「繰下し《くりおろ》」がはじまった。四人の舞い手が、「舞おろすなかのヤ、正面舞おろすヤ、今は正面おさめします」と歌いながら神々を送り出す「注連口《しめぐち》」の舞は、岩戸地区では行わないそうだ。

繰下し

繰下し

太鼓のリズムと神楽鈴に合わせ、右へ左へと舞いながら道縄を引き寄せていく。すると四本の道縄をたどって、月と日が飾られた扇子が内注連《うちじめ》へと下りてくる。月は月の神様ツクヨミを表し、太陽はアマテラスを表し、扇子が神様を乗せて下ろしてきているという。下ろすということは、神様を送り出すという意味でもある。舞といい、リズムといい、ほしゃどんたちの息がぴったり合って美しい。

このころになると、いつの間にか小さな子どもたちが大勢現れ、かぶりつきで見ていた。

いよいよ三三番のフィナーレ、「雲下《くもおろ》し」のはじまりだ。夜神楽奉納の集大成となり、神庭《こうにわ》に設けられた高天原《たかあまはら》を象徴する天蓋の「雲」を下ろす舞になる。ここでは、村民問わず男性であれば観光客も一緒に参加することができ、その場に居合わせた人が一体となって「神遊び」の幕が閉じられる。

内注連を握り締め、誰もが笑顔で頬を赤くし、興奮している。ひと晩寝ていないこともあるだろうが、それだけではな

真剣な眼差しの子どもたち

い。一年間の集大成が、今完結しようとしているのだ。年齢も関係ない、先輩後輩もない、「神楽が大好き」という精神だけがそこに息づいていた。

終わりは始まり

ふと見ると、舞を終えたほしゃどんが自分の子どもを抱いて、その輪に入っていた。世代を越えて継承されていくのに理由などを必要としないことが分かった。ここで育つ子どもたちは、身体や心で神楽を感じて覚え、大人になる過程でそれが当たり前になっていく。

夜神楽を観る前のことだ。以前ほしゃどんに尋ねたことだが、「神楽がなぜ継承されているのか」がどうしても気になって仕方なく、高藤さんにも質問してみた。

「みんなもワクワクするし、自分たちも楽しいっとよね、だから神楽が続くんじゃないの」

とだけ言い、あとは困ってしまったようだ。

自分の子どもを抱き、フィナーレを迎える若いほしゃどん

私は、海外でも高所登山に挑戦することがある。「なぜ、山に登るのか？」と聞かれて、いつも困ってしまう。なぜなら、答えがないからだ。興味本位で同じような無粋な質問をしてしまったと、あとで反省した。

仕事に家庭に忙しい盛りの世代が、今でもこうして伝統を引き継いでいる姿は世界に誇れる日本の大切な文化である。日本人だけでなく、海外からもこの伝統芸能をひと目見ようと訪れる人が多い理由が分かってきた。この先も、今日いた子どもたちが心と身体で感じたことを胸に、またその次の世代へとつなげていくのだろう。

一夜かぎりの「神遊び」が終演となった。ほぼ徹夜となり、寒さと疲労で身体は重く、ぐったりしていたが、心は冴えわたっている。一一年前の白装束の幻影が、ハッキリと胸に焼きついたからだ。

実は、最初に「神遊び」という言葉を聞いたとき、少し驚いた。神事やシキタリなどがあり、神聖で高貴なもので、部外者はあまり触れてはいけないというイメージがあったからだ。しかし、実際は違っていた。この土地では、神々と一体になるお祭りが夜神楽なのだ。感謝と願いを込め、舞を奉納することでそこに人が集まり、繁栄につながっていく。高千穂の人々にとって神楽は一年のはじまりという。お正月ではなく、神楽で始まり、神楽で終わるという一年を今でも積み重ねていた。

日本の原風景——棚田

雲の海のなかで

「高千穂という名前の由来は何だろう？」と、素朴に考えたことがある。昔は阿蘇まで「下千穂」と呼んでいたのだから、「千の稲穂」との関係が浮かんでくる。

高藤さんを頼って訪れた夜神楽の撮影見学をした翌朝、高藤さんから「雲海出てるっちゃよ、行こう」という連絡が早くに入り、慌てて「国見ヶ丘」へ向かった。

国見ヶ丘は、高千穂町の中心地から西にある標高五一三メートルの丘である。秋から初冬の早朝、快晴無風の冷え込んだときに霧が発生し、高千穂盆地を包み込む。到着したときはまだ薄暗く、キンと冷えた空気が肌を刺してくる。観光シーズンではないからか、ほとんど人がいなかった。東の空がだんだん明るくなると、薄オレンジ色に輝く雲海が真下に広がっていた。太陽の強さが増してくると山の陰影が鮮

9月下旬の朝焼けは午前7時

雲海の下には町が広がる

明になり、雲海との見事なコントラストをかもし出している。

朝焼けというのは、一瞬にして表情が変わってしまう。あっという間に太陽が昇りはじめ、雲海が動き出した。流れていく雲の切れ間から、少しずつ里山の風景がのぞき出してくる。そこには、山の合間を縫うように走る道路や寄り添うように建つ家々、そして点在する田畑の姿があった。

あたりがすっかり明るくなり、少し散策することにした。国見ヶ丘は半島のように突き出ていて、奥に長い丘陵であった。

「今日はラッキーたい」

「空いていて、いいっちゃね」

「今年も雲海シーズンのはじまりだ。忙しくなるっちゃね」

高藤さんが地元の人と話している。どうやら、私はビギナーズラックだったらしい。それにしても、昨晩の夜神楽見学といい、今朝の雲海といい、来た早々よいことづくしだ。私の知り合いはそう思わないらしいが、元来、私は心配性なのだ。高藤さんを頼って来たはいいが、この先が少し不安になってきた。

高千穂盆地に突き出る国見ヶ丘

祖母山・傾山を望む

駐車場に戻る途中、少し小高いところにある大きな像が目に入った。（なんだろう？）と不思議に思い、階段を上っていくと、神話に基づいたニニギノミコトの像があった。右手に槍を持ち、大地に突き立てている。その目は、何かを決意したかのような強い眼差しで、遠くを見ている。横にはお供らしき二人を従えているが、その眼差しもニニギノミコトと同じく力強い。彼らが見定めているのは、地上界である高千穂だった。

像の裏手に回ると、「日向風土記逸文」という碑があった。

> 日向の風土記に曰《い》はく　臼杵《うすき》の郡《こおり》の内《うち》　知鋪《ちほ》の郷《さと》
> 天津彦々火瓊々杵尊《あまつひこひこほのににぎのみこと》（中略）皇孫《あめみま》の尊《みこと》　尊の御手《おんて》を以《も》ちて　稲千穂《いねちほ》を抜きて籾《もみ》となし（後略）

説明文によると、どうやら「天孫降臨と高千穂」のことが書いてあるようだ。

ニニギノミコト像

遠い神代《かみよ》の昔、この地上界があまりにも乱れていましたので、高天原《たかまがはら》の天照大神《あまてらすおおかみ》は大変ご心配になりました。そこで天照大神は孫にあたる瓊々杵尊《ににぎのみこと》に地上界へ降りて国を治めるように命じました。

多くの神々を従え、高天原を出発した瓊々杵尊は日向の高千穂の二上峯《ふたがみのたけ》に到着されました。しかし、霧が深く夜や昼の区別もつかず、道もわからず、物の色もよく分かりません。その時、この地に住む大鉗《おおくわ》・小鉗《おくわ》という二人があらわれて、「尊が手に持たれている稲千穂を籾《もみ》にして、あたり一面にまかれるとこの霧は必ず晴れるでしょう」と進言しました。尊がその通りにすると、霧が晴れ地上界に無事におりることが出来ました。それでこの地は智鋪《ちほ》（高千穂）といわれるようになったそうです。

世界農業遺産としての高千穂郷

高千穂郷を歩く旅を重ねるなかで、心に強く焼きついた風景が棚田の姿である。山あいの傾斜

先人たちがこの地で暮らすと決めたときの決意、それがここに書かれているような気がした。

遠くまで連なる山々をいくつも越えた先にあった、開放感あふれる台地にホッとしたことだろう。

まだこの地に人がいなかった太古の昔、初めて辿り着いた人はどのように感じたのだろうか。

地に階段状に造られた水田を「棚田」と呼ぶ。水田と水田の境目は、水が漏れ出さないように土を盛り上げ、「畦《あぜ》」と呼ぶ土手が造られている。五ヶ瀬コースで棚田のなかを歩いたのが、その畦道である（一四〇ページ参照）。畦の重なる形が棚に似ていることから「棚田」と呼ばれるようになったという。

ちなみに、段々畑とは構造が少し違っている。一見同じように見えるが、水が流れ落ちないように畦が造られ、稲作用の水路が用意されたものが棚田となる。

町中から少し外れるだけで、あちらこちらに棚田が現れ、その合間を道がクネクネと走り、集落と集落をつないでいる。山や高台に登れば、眼下にはさまざまな形で斜面を彩る棚田の姿が広がっている。訪れる季節のたびにその彩りが変わり、まるで初めて見たような景色に感じてしまう。

実のところ、高千穂を訪れるまで「世界農業遺産」という存在を知らなかったし、棚田に興味をもったこともなかった。「すごいな、きれいだな」と感じた記憶は日本ではなく、バリ島ウブドのライステラスにまで飛んでしまうという私だが、少し調べることにした。

世界農業遺産とは、失われつつある伝統的な農業を守り育みながら、それにかかわる文化や土地利用、技術や景観などを保全しながら営む地域をＦＡＯが認定する制度となっている。ＦＡＯ（Food and Agriculture Organization）とは、国際連合食糧農業機関のことである。認定地域は世界で二一か国五八地域、日本では一一地域が認定されている（二〇一九年一一月現在）。

そのなかで、高千穂町を含む「高千穂郷と椎葉山地域」は、二〇一五年に世界農業遺産に認定されている。この山あいの地域がどのような経緯で認定されたのかについて「フォレストピア高千穂郷ツーリズム協会」[1]に尋ねてみた。この協会は、高千穂郷の暮らし方や文化体験を、農家民泊や体験プログラムなどを通じて広めている組織である。五ヶ瀬や秋元地域で活用した「フットパスコース」も、この協会とかかわっている。

同協会が制作している「農家民泊　世界農業遺産　高千穂郷・椎葉山地域」という小冊子に書かれている文章を読むことで、私の疑問は一掃された。

高千穂郷・椎葉山地域は、九州山脈中央部東側に位置し、その面積の九割以上を森林が占め、村人たちは、山を敬い、山の恵みの中で暮らしてきました。

現在でも、杉、ヒノキの木材生産をはじめ、クヌギ、コナラの原木を使ったしいたけ栽培、斜面を活かした茶栽培、米、野菜、和牛生産等の複合型循環農業が営まれています。

険しい山々は、この地域独特の伝統、文化を育みました。天岩戸伝説、天孫降臨神話、平家落人伝説など、古来より幾多の伝説、民話が語り継がれています。晩秋から冬にかけては、多くの集落で、収穫への感謝と五穀豊穣の願いを込めて、神楽が奉納されます。

世界的に山間地の人口減少が進む現在、高千穂郷・椎葉山地域は強い地域住民の絆によって、伝統的な山間地の農林業と文化が受け継がれるとともに、先駆的な地域づくりが行われており、世界のモデルとなる重要な地域であると高く評価され、認定されました。

その一つとして挙げられたのが棚田というわけだ。

ほかにも「焼畑」が取り上げられている。日本の焼畑は縄文時代の手法を色濃く残しているといわれ、以前は日本各地で行われていた。私の記憶のなかにも、田舎に向かう電車の窓から見た微かな風景が残っている。今では、椎葉村のみが日本で唯一継承されている地域となるそうだ。

先人の力が生んだ美しき棚田の風景

高千穂郷を歩く旅をスタートさせ、さまざまな里山の道を歩いているが、その随所に必ず現れるのが「民家」と「棚田」だ。秋元集落を歩いていたときには、「よくもまあ、こんなところにまで棚田が……」と驚愕したが、幾度となく目にしていくと、周りの景色に溶け込み、風景が味わい深いものとなってくる。

（1）　〒882-1102　宮崎県西臼杵郡高千穂町大字押方１２４８-25　TEL：0982-82-2199

傾斜地の地形を効率よく利用するために、田んぼの形はさまざまである。真四角、長方形、半月型、時にはひょうたんに似た形もあり、まるで端切れを無駄なく縫い合わせるパッチワークのようだ。

私が現在暮らしている北海道の田舎町では、田んぼや畑はどこまでも続く一枚の絵のようになっている。対照的に、高千穂郷では小さな端切れを形に合うようにつなぎ合わせ、一枚の立体画を完成させている。このような立体的で美しい「高千穂郷の棚田」は、前述したように「日本の棚田百選」にも選ばれている。宮崎県では一一か所が選ばれているが、そのうちの七か所が高千穂郷にある。

それにしても、山あいの傾斜地に田んぼをつくり、お米を生産するというのは、想像もできないほどの苦労があるのだろう。山を切り開き、土地を開墾し、石を運び出す。その土地をならし、水を引いて初めて稲作が可能となるのだ。

「日本の棚田百選」の一つである高千穂町栃又《とちまた》にある棚田に

パッチワークのような田んぼ

ついて、興味深い話を聞いた。今でこそ百選に選定されているが、水稲栽培ができるようになったのは一二〇年ほど前のことだという。この地域には、高千穂峡に代表される渓谷が広がり、たおやかな五ヶ瀬川が流れているが、農地との高低差が大きく、河川から農地への水の供給はたやすいことではなかった。飲み水さえも馬の背中に桶を乗せ、谷あいを流れる岩戸川まで往復四キロほど歩いて水を汲みに行っていたという。

川との高低差を克服する唯一の方法が、農地よりも上流に堰を造って用水路を築くことだった。しかし、当時は手で掘るという時代である。現代なら建設機械で簡単に掘り進めることができるわけだが、巨大な岩盤もあることから、当時は多くの人が反対したそうだ。

用水路造りのリーダーとなり、計画から着工、そして完成まで努力を重ねたのが福嶋辰弥（一八二五～一九一〇）である。度重なる反対に遭いながらも、福嶋は決して諦めることなく、熱心に村民の説得にあたった。そして、ついに村の有志八三名を集め、全員の農地を抵当に入れることで費用を捻出することにした。

それから八年後、ようやく準備が整い、用水路の開通工事がスタートした。山奥に水源を求める工事は困難を極めたが、福嶋は自ら工事の指揮を取り、休む暇もなく働き続けた。血が滲むような努力の末、工事が進むにつれて理解者も増えていき、食べ物の差し入れが次第に多くなるほか、無賃で働く人も出てきたという。

総延長距離一七キロ、岩川用水路の完成には着工から九年という年月がかかった。完成後、それまでの約一五〇倍もの水田で稲作ができるようになったという。この完成から一四年後に福嶋はこの世を去るが、生前の功績が評価され、政府から「藍綬褒章」が贈られている。

水路は山の斜面を等高線に沿って造られており、「山腹水路」と呼ばれている。水源と農地の高低差が大きければ大きいほど水路は長くなる。なかには、一つの水路で二〇キロを超えるものもある。世界農業遺産認定の「高千穂郷・椎葉山地域」全体では総延長五〇〇キロ以上になるというから、「驚き」で言葉も出ない。

受け継ぐことと変わること

山奥の水源から水を運ぶ水路の維持と管理には苦労が多い。しかし、水路はその地域にとってなくてはならない大切な財産だ。雨が降ろうが槍が降ろうが、管理作業は集落の人が総出で行っている。台風などの暴風雨を除けば、その作業を中止することはない。

栃又《とちまた》地域では、春になると冬に溜まった泥を掻き出し、夏には水路の草刈りを三回行うという。また、豪雨や強風の際には見回りをして、水門の開閉などの管理も行っている。作業は丸一日がかりとなり、決して楽なものではない。だが、同じ目的のために行う共同作業があるからこそ集落がまとまり、仲もよいと聞く。また、同じ用水路を使う隣の集落とも、自然と仲がよくなるそうだ。

しかし、時代は変わり、現在は社会環境が大きく異なっている。日本全体で食の変化が起こり、お米の消費量が減ってしまっている。今では、ほとんどが複合農家となり、野菜や高千穂牛の飼育なども行っているという。また、後継者不足の問題も深刻と聞くが、若い世代の移住者にも会うことができた。農業が好きで、高千穂の棚田の美しさが大好きだという。

「棚田の管理は大変だけど、畦道や田んぼの側面の草が、牛の餌として再利用されているのです。自然を無駄にしないって素敵なことですよね」と、笑顔で話してくれた。

人は変わるからこそ成長していく。成長があるから人生が楽しくなる。そのとき、先人たちから受け継いだものがあるから、守るために人は強くなれるのではないだろうか。

五ヶ村の夜神楽を観た翌日、眠い目をこすりながら岩戸川の上流へと向かってみた。川を挟むように棚田と民家が続いている。だんだん天気が崩れはじめ、雨が降ってきた。雲が低くなり、ガスがかかりはじめる。ガスは山にあたると姿を変え、うねりはじめ、まるで白い竜が村全体を飲み込んでいくようであった。

その動きに目を奪われ、見つめていると、一瞬、ガスが抜けた。目の前には、黄金色に輝く棚田の風景が広がっていた。鉛色の空が生み出す深紅に燃えた木々と、雨の恵みを受けた深碧《しんぺき》の杉が、その黄金色を包むように引き立てている。合間には民家や農作業小屋が点在しており、人々の営みが感じられる。

「美しい！」

ただ、このひと言しか浮かばなかった。

暮らしが風景をつくっている

母の言葉というきっかけから高千穂郷の旅がはじまったわけだが、考えてみれば、その行動を起こすまで実に十数年という長い年月が経っていた。母親という存在が、年月を越えてもなお行動させたのだろうか？　いや、そうではない。正確に言うと、それだけではないと思う。大病をして、人一倍健康に気を付けるようになった。それは、身体だけではなく、心の健康にも気を配るようになったことである。

岩戸川上流に広がる棚田

私は一人旅が好きだ。自分のタイミングで動けるし、何かに興味が湧けば好きなだけ時間を費やせる。たとえば、森を歩いているときに気になる木があれば、その木を観察したり、触れたりして、木の名前を探し出すこともできる。また、神社の由来が気になれば、神主さんをつかまえて根掘り葉掘り聞き出すこともある。

植物にしろ、人間にしろ、そういった出会いが心を健康にしてくれる。このような出会いをつくってくれるのが、歩くということだった。歩いている時間は心を空っぽにすることができるし、逆にさまざまなことについて考えることもできるのだ。乗り物に乗ったり、走ったりするのは、どうやら私には速すぎるようだ。歩いている速度がちょうどよい。

高千穂郷を最初に訪れる前、いくつかのジグゾーパズルのピースをつくった。そのピースは形をなしていなかったし、ほんの少しだった。どんなものが完成するのか、はたまた完成できるのかまったく分からないという状況であった。しかし、旅を重ねるごとにピースの数が増え、そのピース同士がどんどんつながっていった。ピースをつなげてくれたのは、やはり「人」だった。

高藤さんをはじめとして、栗おはぎをくれたおばあちゃんやイノシシの罠を仕掛けていた村の人もいる。「民宿まろうど」のご主人である飯干さん、高藤さんのおじいさんに「山の会」の会長である佐藤さん、数え出したらキリがない。

時間を大きく飛ばしてしまうが、二〇一九年一一月、再び高千穂郷への旅をしてきた。どうしても登りたかった「祖母山登山」を決行したときのことだ。熊本空港に到着して、まずは高藤さんに連絡をした。すると、

「早よ来なーい〜みんな待っちょるばい」

と言う。

「えっ？」意味が分からないが、とりあえず車を走らせて高千穂町へと向かった。待ち合わせ場所の「あすかラーメン」に着くと、大勢の人がいて盛り上がっている。会ったことがあるのは店主の奥佳郎《おくよしろう》さんと高藤さんだけなのに、口々に「待っていたよ」とか「やっと来た！」と言って大歓迎で迎えてくれた。

「あすかラーメン」は、私が高千穂へ行くと絶対足を運ぶ絶品のラーメン屋さんだ。旅をすると全国各地のご当地ラーメンを食べる機会があるが、今まで食べてきたラーメンのなかで一番大好きだ。その店主である佳郎さんを中心に「高千穂美味しんぼ研究会」というのを発足させ、栄えある第一回に私が登場したということだった。この研究会は、高千穂産の食材を使って、今までにつくったことがない料理を研究するという会らしい。

よく分からないままに乾杯をして話をしはじめると、ちょうど香港から帰ってきたばかりという女性がいた。驚くことに、現在香港で暮らしている高校時代の友達と接点があるという女性だ

った。また一つ、ピースがつながった。ひょっとしたら、そこから別のジグゾーパズルができていくのかもしれない。

高千穂以外、宮崎市内から来ている人もいる。知り合いの知り合いで、たまたま誘われてきたという人もいた。しかし、共通の話題は必要としないようだ。ただ、そこが好き、高千穂が好き、という気持ちがつないでいる。

誰かが、食品用の発泡スチロールをお箸で叩きはじめた。

トントコトントコトントコトン、トントコトントコトントコトン。

神楽のリズムに合わせて、みんなが思い思いに「かっぽ鳥」（二〇二ページ参照）用の竹や食器を叩きはじめる。外は冷たい雨が降っているが、私がいる空間には暖かな風が流れていた。

歩くことで心に余裕が生まれ、人との出会いを楽しめる。その人々は高千穂郷に住み、暮らしを営んでいる。田んぼを耕す、神楽を舞う、神社へお参りに行く、料理をつくる、暮らし方は星の数ほどあるだろう。そのさまざまな暮らしには必ずストーリーがあり、それらが地域の風景をつくっている。

さあ、次はどんなジグゾーパズルをつくろうか。楽しみで仕方ない。

エピローグ

ドーン、ドーン、ドンドンドン、ドンドンドン！

冷え切った空間の隅々まで太鼓の音が響きわたる二〇一二年冬の朝、御神殿の前でこうべを下げ、宿のご主人が上げる祝詞に耳を傾けていた。

「礼の作法は、ただ頭を下げるのではありません。手を畳について、親指と人差し指で三角形をつくり、そのなかに額《ひたい》を入れるように深く頭を下げるのです」

そう言われて二回試してみると、腹筋に力を入れないとできず、意外ときつい。私はピラティスインストラクターの資格ももっているが、ピラティスのときに行う「お休みのポーズ」に似ているなぁと、漠然と思っていた。

長野県北部に位置する戸隠《とがくし》は、長野市内にある善光寺からバードラインをクネクネと上ったところにある山あいの集落である。標高約一二〇〇メートルと高く、夏は涼しく、たくさんの野鳥が生息し、冬にはたっぷりと雪が降る。

宿のご主人である極意憲雄《ごくいのりお》さんは、先祖代々の「宿坊・極意」を受け継ぎ、神職もあわせもっている。宿坊とは、全国から集まる参拝者に祈祷への取り次ぎや、宿泊の便宜を図るところである。かつては、僧侶や氏子などかぎられた人が利用する施設だったが、今では一般観光客も受け入れるところが増えており、新しい広がりを見せている。

極意さんは一年三六五日、一日も欠かさず「朝のおつとめ」として神前に祝詞をあげているそうだ。「おつとめ」が終わると、大切な職務から解放されたせいなのか、笑顔が優しいご主人の顔に変わっていた。

実をいうと、「宿坊・極意」に泊まるのは初めてではなく、二回目である。日本が好景気に沸いたバブル時代の残り香が少しだけ漂っていたころ、私は日本の某スキーメーカーの販売促進スタッフをしていた。いくつかの大学スキーサークルにコーチとして派遣され、長野県や新潟県のスキー場を回りながらスキーを教えていた。そのなかの一つのサークルが戸隠で合宿をし、「宿坊・極意」に泊まっていたのだ。

神話や歴史にまったく興味のない若いころ、ただスキーをすることに夢中になり、「ターン」という雪のなかに描く図形を完璧につくりあげることだけに没頭するという日々を過ごしていた。宿坊という存在すら知らなかったし、ましてや「朝のおつとめ」があることなどはまったく知らなかった。情けない話、「歴史」、「文化」、「暮らし」などといった言葉は私の頭の中には存在せず、炬燵《こたつ》の暖かい古民家に泊まったくらいの記憶しかない。

月日が経ち、私もそれなりに成長していたと思う。仕事としてのスキーも、ある程度形ができ、忙しい日々を送っていた。しかし、若い学生たちとのジェネレーションギャップに戸惑い、スキーヤーとしてこれからどのように活動していけばいいのかと、徐々に気持ちが迷いはじめていた。そんなタイミングで聞かされたのが、母の得意な神話の数々だった。

最初は「神話かぁ、久しぶりだな」と思うくらいで、BGMのように聞き流していたと思う。しかし、愉快に話す母の語り口調に、久しぶりに神話という存在を少しずつ思い出し、母の言葉に耳を傾けるようになっていった。懐かしかった反面、子どもなりに理解していた内容と違っていたり、覚えていない物語があったりと純粋に楽しかった。そして、聞いていくうちに、子どものころに読み聞かせてくれた場面にタイムスリップし、いつの間にか面白おかしい神様を空想していると いう自分に戻っていた。

「高千穂にある天岩戸は、その戸が開かれたときに戸隠まで飛んだのよ。その高千穂に一度行ってみたいから付き合って」

母にこう言われたとき、確かに大きな衝撃が走った。しかし、「ふうん」と素っ気なく答えただけで、そこには違う感情が湧き起こっていた。戸隠《とがくし》という場所には幾度となく通っていたし、土地勘もそこそこにある。それなのに、自分がまったく知らない戸隠の顔を見せられ、驚いてしまったのだ。いや、正直に言えば、悔しかったのかもしれない。

「なぜ、神話と戸隠なの？」

「なぜ、天岩戸が戸隠へ飛んだの？」

「戸隠は私にとってスキーの聖地よ、神話じゃないわ」

今から思うと、こんなに混乱するようなことではないのだが、私にとっては「青天の霹靂《へきれき》」だった。それ以来、スキー場へ出掛けると、図形を描くことだけに集中していた毎日から、時折顔を上げ、あたりを見回すようになった。すると、今まで見えなかった景色が、少しずつ瞳の中に映るようになってきた。

なかでも印象的だったのは、スキー場というのは大きな山の一部なのだ、ということに気が付いたことだ。言い換えると、山という存在が私のなかになかったということである。日本には「里山文化」という日本独特の生活スタイルがあり、森や林が人々の暮らしを支え、歴史や文化をつないできている。スキーというものも、その一部だということに気付きはじめ、「滑る」という行為が変わり出した。もちろん、すぐに変わったわけではない。薄皮を一枚一枚剥ぐように、月日をかけて削ぎ落とされていった。

さて、「朝のおつとめ」が終わると温かい朝食がいただける。その日は戸隠蕎麦が出るという、贅沢な朝ごはんとなった。戸隠蕎麦は、その盛り方に特徴がある。「ぼっち盛り」と呼ばれ、一口で食べられる量に蕎麦が束ねられており、それが五～六束ザルに盛られている。なぜこのような盛り方なのかについては諸説あるが、ご主人曰く「ご馳走に見えるからね」ということだった。戸隠の冷たい水でさらされた蕎麦はツルツルに輝き、最高の喉越しであった。

大満足の朝ごはんを食べ終えると、早速、支度をすませてスキー場へと向かった。平日のせいかスキー場は空いていて、贅沢にも四人乗りリフトを独占することができた。冷たい風を切り裂きながら、雪山を登っていくリフトは青い空まで届きそうだ。空はどこまでも青く、私の心も蒼く澄み切っていた。きっと、「朝のおつとめ」の効果であろう。

戸隠山《とがくしやま》（一九〇四メートル）と飯縄山《いいづなやま》（一九一七メートル）は、集落を挟んで向かい合わせに位置している。戸隠スキー場は、戸隠山ではなく飯縄山の支峰である瑪瑙山《めのうやま》（一七四八メートル）のなだらかな斜面にあるので、ゲレンデの至る所から戸隠山を望むことができる。

山頂リフトを降り、大きく深呼吸をし、身体中を透き通った空気でいっぱいにした。スタート準備完了だ。ストックを漕ぎ、「えい！」とスキーを滑らせる。身体が驚くほど軽く、スキー板が自分の足のように自由自在だ。レッスンでもガイディングでもなく、自由に自分のシュプールを刻める幸福感に酔いしれていた。ふと目線を上げると、瞳の奥に大きな岩山が突き刺さり、思わず叫んでしまった。

「天岩戸だ！」

その存在は、すでに戸隠山ではなく天岩戸そのものだった。

興奮の余韻に浸りながらスキーを脱ぎ、戸隠神社の奥社へ向かうことにした。五ヶ瀬スキー場で滑ったとき、二つの土地のつなぎ目となった「戸隠神話」を肌で感じたかったからだ。戸隠神社は霊峰戸隠山を御神体とし、奥社・中社・宝光社・九頭龍社・火之御子社の五社から成り立っている。奥社は、あのゴツゴツした天岩戸がある戸隠山の麓に鎮座しており、時代の流れとともに形を変えながら山を守り続けている。

当時は空前の「パワースポットブーム」で、「夏には行列ができる」と聞いていた奥社だが、参道の入り口には人気《ひとけ》がまったくなかった。それもそのはず、参道は雪に埋まり、到底普通の靴で歩ける状態ではない。もちろん、私は膝下までのスノーブーツを履いている。歩くとズボズボと雪の中に足首まで埋まってしまうが、そんな歩き方は慣れたものだ。大鳥居の前で一礼し、お参りへと向かった。

朝は快晴だったのに、山の天気は変わり、ガスが立ちこめはじめていた。初めて訪れた奥社、歩を進めるたびに、「音のない白の世界」へと入り込んでいった。樹齢四二〇年を超える杉の木のざわめきや、木々から雪が落ちる自然界の音が私のなかに吸収され、飲み込まれていく。奥社に近づいてくると、その音が私の身体の奥底で拍動し、魂が熱く震えてきた。

境内へと続く階段は雪に覆われ、社殿は閉ざされていた。手探りならぬ足さぐりで慎重に階段らしき登り坂を上がっていくと、雪の中に、少しだけ頭を出した鳥居と拝殿の屋根が現れた。さすがの雪の量にお参りは諦めようと思ったが、よく見てみると、拝殿の入り口は雪が退けられており、入り込めるようになっている。神職の方なのか、集落の人なのかは分からないが、雪の中でもお参りができるようになっていることに驚いた。その空間へ身体をスルリと入れ、固く閉ざされた扉の奥におられる御祭神「天手力男尊」に手を合わせると、熱く震えていた魂が落ち着きを取り戻しはじめていた。

帰りがけ、もう一度雪の奥社を目に焼き付けようと想い、振り返ってみた。霞がかった社殿の奥には葉を落とした木々が茂り、その背後に、ゴツゴツとした岩肌が姿を現していた。まるで、「よくぞおいでなさった。ご苦労さん」と語りかけてくれているような感じであった。

残念ながら、このときは神話のことをあまり勉強していなかったが、戸隠《とがくし》には神様と寄り添った暮らしが確かに根付いているということだけは感じることができた。高千穂が神様と寄り添った暮らしをしているように……。

神話を少しずつ勉強するようになったのはこのときからだ。そして、二〇一八年九月、高千穂を歩く旅へと出掛けることになったのだ。興味をもつとは面白いもので、知れば知るほど違う側面が見たくなるというのが私の性分だ。高千穂各地を訪ねるごとに、天の岩戸が飛んだ戸隠を、スキーではなく歩きたくなってきた。そして、冬になる前に戸隠へ行こうと固く決心した。

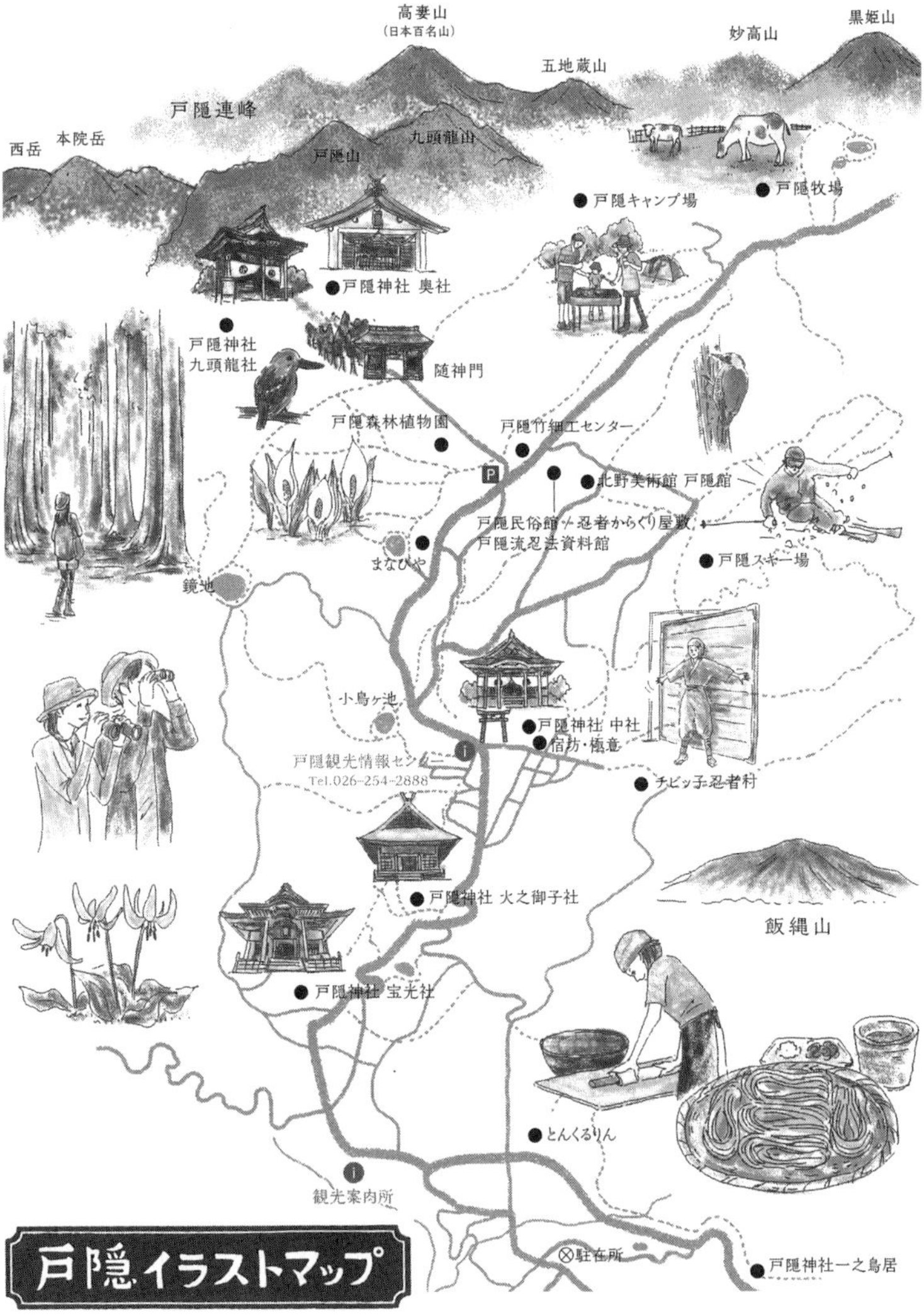

※このマップは概略図です。道路・山・各スポットの位置は実際の位置とは異なる場合があります。
(出典：一般財団法人戸隠観光協会。一部改変)

その年の一一月、町なかはまだ紅葉が残っていたが、山は葉を落とし、冬支度がはじまっている晩秋に再び戸隠《とがくし》を訪れることにした。そのときの目的は「戸隠古道」を歩くことだった。この古道の歴史は古く、山岳信仰の拠点だった戸隠山を目指し、平安時代から多くの人びとが巡礼に訪れている。当時は神仏習合のため「戸隠山顕光寺《とがくしさんけんこうじ》」と呼ばれ、比叡山、高野山とともに「三千坊三山」と言われるほど栄えていたという。

その後、各派の争いや戦国時代の戦いのなかで、一時はすっかり衰退していたともいう。しかし、江戸時代に入ると徳川家康に手厚く保護されるようになり、再び隆盛を取り戻しはじめた。奥社の杉並木も、そのころに植えられたものである。

戸隠古道

明治に入って神仏分離令が出されると、戸隠は寺を分離して神社になり、現在に至っている。山岳修験の道として、戸隠神社参拝の道として、太古の昔から人々が戸隠山を目指して歩き続けているのだ。

現在伝わっている戸隠古道は善光寺からはじまっている。しかし、善光寺からだと全長約二二キロメートルになると聞き、「一の鳥居」から「奥社」までの約一〇キロを歩くことにした。残念ながら一の鳥居は現存していないが、建立跡地が残っているのでそこからのスタートとなる。

落葉が進み、葉が敷き詰まった古道は、一丁ごとに建てられた道標や橋の供養塔などの歴史が詰まった、足裏に優しい道だった。半分ほど進むと戸隠の入り口にある宝光社に着き、そこから先は「戸隠五社巡りの道」として奥社まで続いている。

古《いにしえ》の道を歩きながら、戸隠と自分自身の結び付きを考えていた。思えば、初めて戸隠を訪れてから四半世紀以上の年月が経っている。スキーの「ターン」という図形を雪の中に描いていていた時代、私は一本の真っ直ぐ伸びた線の上を歩く蟻でしかなかった。目的地に向かってただひたすら真っ直ぐ進み、食べ物を手に入れたら、同じ線の上を戻っていくことしか知らなかった。よく言えば「集中していた」ということだが、悪く言えば「進むか戻るかのみ」で、機転を利かせることができなくて不器用であったと思う。

戸隠神社・随神門

それが、本書で繰り返し述べたように、母の言葉という「きっかけ」から顔を上げて見回すことを知り、目線の先に新しい世界が広がっていることを知った。一本の線から脇へそれ、違う道を行くと景色がどんどん変わり、もっと先が見たくなってきた。しかし、その先に広がる景色を見に行くためには、バランスを取って立体的に動きながら、でこぼこ道を乗り越えていく必要があった。

そんなでこぼこ道を乗り越えていくために、私は歩きはじめた。すると肌が陽の光を感じ、鼻がひくつき、風が背中を押してくれた。足がどんどん前へ進み、新しい世界へ踏み込んでいくことができた。

旅を重ねるごとに、私にとっては高千穂が先なのか、それとも戸隠が先なのかという疑問が頭の中に湧いてくる。自分自身にいくら問いかけても分からないし、きっとその答えはないのかもしれない。しかし、確かなことが一つだけある。それは、戸隠で積み重ねてきた経験が高千穂の旅を豊かにしたということだ。

旅はまだ終わりではない。高千穂のことも、戸隠のことも、まだまだ知りたいことや見たいこと、そして聞きたいことが山ほどある。（次に訪れるときはいつの季節にしようか？）と思う目線の先に、ゴツゴツした天岩戸がそびえていた。

あとがき

インターネットがあまり普及していないころ、一冊の本を握り締めて、一人ホノルル空港に降り立ちました。当時、旅の情報はガイドブックがメインで、時折、現地に住む日本人が「お役立ち情報」や「暮らし方」などを紹介するエッセイがあるくらいでした。握り締めた本を見つけたのは、近所にある小さな町の本屋さんです。『リセットハワイ』（大崎百紀、ソニーマガジンズ、二〇〇六年）というタイトルに惹かれたこともありますが、ペラペラとページをめくるたびに、ハワイが近く感じ、今まさにそこにいるような気分になるのが楽しく、あっという間に読み切ってしまいました。

内容はというと、著者が実際にハワイを旅して体験したことや、興味をもったお店の紹介でしたが、単なる紹介ではなく、体験してどのように思ったのか、思わず笑ってしまう失敗談など、軽い口調とイラストで物語的に展開されていました。「リセット」というくらいだから、ホットストーンマッサージやスピリチュアルな体験が多く、ちょうど多感な年代だった私は「すぐに行く！」と決め、行動を起こしました。

いろんな体験をさせてもらいましたが、そのなかで一番印象に残っているのが「ロミロミマッサージ」のおじさんでした。ホテルに迎えに来てくれたのは、これぞハワイアンという風貌の、褐色よく太った中年男性でした。おじさんは、まずマッサージの前に「ヘイアウ」に連れていくと言い、ホノルルの小高い丘へと車を走らせました。

「ヘイアウ」とは「神殿」を意味し、古代ハワイアンはそこで祈祷や儀式を行っていたそうです。カラッとした心地良い風が吹くなか、しばらく「ヘイアウ」で過ごし、その後ロミロミマッサージを受け、最後にはおじさんと一緒にロコモコのお弁当を食べるという楽しい経験でした。

おじさんといろんな話をしているうちに「興味あるならここへ行け」と、一枚のメモ書きをわたされました。見てみると、サイキッカー（日本で言う占い師）の名前と住所です。本来なら予約をしないといけないのですが、予約をしても一年半ほど先になるようです。予約外ならば並び、運がよければ順番が来る、ということでした。

翌朝、メモ書きを頼りにタクシーで閑静な住宅街に着くと、人がぎっしり並んでいました。日が沈みかけ、もう諦めようかと思ったころにようやく順番が来て、滑り込みセーフで見てもらうことができました。

このような体験をしたとき、「旅行の本」というのは何て面白いのだろうという印象をもちました。心に引っかかる一つのキーワードを頼りに現地で見聞きしていくと、旅が自分だけの色に変わり、大切な宝ものになったからです。それ以来、本屋へ行くと同じような本を探すようになっていました。しかし、なかなかめぐり合うことがなく、旅を重ねるうちにいつしか自分で書きたくなり、今に至っています。

インターネット時代が急激に意識を変え、世界中に情報があふれる世の中になりました。しかし、必要なタイミングで必要な情報だけを手に入れることが逆に難しくなったようにも感じます。おこがましいことに、研究者でもない素人の私が神話の解説を行い、高千穂の紹介をしたわけですが、以下に挙げたような本を参考にしています。素人でも楽しく読める本ばかりですから、みなさんもご覧になってください。もちろん、ここに挙げた本以外にもさまざまな文献を読んだことで、本書に記した事柄における解釈や内容が本によって違っているということも理解しました。そんな違いを知ることも、また楽しいものです。

・『Kojiki 古事記』池澤直樹訳、河出書房新社、二〇一四年
・『ひむか神話伝説』宮崎市神話・観光ガイドボランティア協議会編、鉱脈社、二〇一二年
・『面白いほどよくわかる世界の神々』森美与子、日本文芸社、二〇〇七年
・『地図と写真から見える！古事記・日本書紀』山本明著、西東社、二〇一七年
・『古事記・日本書紀を歩く』林豊、ＪＴＢ日本交通公社出版事務局、一九九五年

・『古事記　日本の原風景を求めて』梅原猛・上田正昭・三浦祐之・上野誠、新潮社、二〇一七年
・「高千穂の古事伝説・民話」高千穂町老人クラブ連合会発行、一九九二年
・「ひむか神話街道50の物語集」（冊子）宮崎県地域振興課発行、二〇〇四年

本書を著すにあたって、たくさんの人にお世話になりました。とくに高千穂の歴史や文化の説明や体験に、惜しみなく協力くださった高藤さんはじめ高千穂のみなさまに深く感謝いたします。そして、根気よくお付き合いくださった株式会社新評論の武市一幸さん、編集部のみなさま、本当にありがとうございました。

一人でも多くの方が、「自分だけの旅」を体験されることを願っています。

みやのゆきこ

二〇二〇年　六月

著者紹介

みやの　ゆきこ

1965年東京都生まれ。スキーガイド／登山ガイド
世界の山岳に惹かれ、アコンカグア、エルブルス、キリマンジャロなどの高所登山に挑戦を続けている。一方、日本の里山文化にも興味をもち、日本各地をトレッキングやスキーで巡る旅を重ね、スキー雑誌などに紀行文やエッセイを寄稿するなど、執筆家としても活動している。
現在は、「自然に近い暮らしと健康」をテーマに、北海道ニセコに移住。アウトドア活動の楽しさを広げるスキーや登山のキャンプを開催している。

天岩戸神話を歩く
——高千穂から戸隠へ——

2020年7月31日　初版第1刷発行

著　者　みやの　ゆきこ
発行者　武　市　一　幸

発行所　株式会社　新　評　論

〒169-0051
東京都新宿区西早稲田3-16-28
http://www.shinhyoron.co.jp
電話　03(3202)7391
FAX　03(3202)5832
振替・00160-1-113487

印　刷　フォレスト
製　本　中永製本所
装　丁　山田英春
見返し図　牡丹靖佳
表紙・口絵写真　渡辺洋一

落丁・乱丁はお取り替えします。
定価はカバーに表示してあります。

Printed in Japan
ISBN978-4-7948-1158-5